"十四五"职业教育国家规划教材

汽车维护与保养

主　编　江　华　覃信举　马　伟

副主编　乐猛勇　何　均　汤茂银

主　审　方　文

北京理工大学出版社

BEIJING INSTITUTE OF TECHNOLOGY PRESS

内 容 简 介

本书由六个项目、若干具体任务组成。根据汽车维修技师和服务顾问职业岗位的任职需求，以一汽－大众捷达轿车为例，依据企业按照行驶里程进行保养的逻辑事实，序化教材内容，即售前检查、7 500km 保养（首保）、15 000km 保养、30 000km 保养、60 000km 保养等，同时紧跟汽车发展趋势，在原教材的基础上增加了新能源汽车高压系统维护与保养内容。

本书既可作为高职高专汽车技术服务类专业教材，也可作为成人教育、职工培训用教材，还可作为汽车使用、维修、管理等工程技术人员的参考用书。

图书在版编目（CIP）数据

汽车维护与保养/江华，覃信举，马伟主编 .—北京：北京理工大学出版社，2019. 1
（2024. 2 重印）

ISBN 978 - 7 - 5682 - 5395 - 6

Ⅰ . ①汽… 　 Ⅱ . ①江…②覃…③马… 　 Ⅲ . ①汽车 - 车辆修理②汽车 - 车辆保养
Ⅳ . ①U472

中国版本图书馆 CIP 数据核字（2018）第 280500 号

出版发行 / 北京理工大学出版社有限责任公司

社　　址 / 北京市海淀区中关村南大街 5 号

邮　　编 / 100081

电　　话 / （010）68914775（总编室）
　　　　　　（010）82562903（教材售后服务热线）
　　　　　　（010）68944723（其他图书服务热线）

网　　址 / http：//www. bitpress. com. cn

经　　销 / 全国各地新华书店

印　　刷 / 涿州市新华印刷有限公司

开　　本 / 787 毫米 × 1092 毫米　1/16

印　　张 / 14.5　　　　　　　　　　　　　　　　　　　　责任编辑 / 王俊洁

字　　数 / 335 千字　　　　　　　　　　　　　　　　　　文案编辑 / 王俊洁

版　　次 / 2019 年 1 月第 1 版　　2024 年 2 月第 6 次印刷　　责任校对 / 周瑞红

定　　价 / 42.00 元　　　　　　　　　　　　　　　　　　责任印制 / 李志强

前　言

汽车维护与保养是一门实践性较强的课程，是职业院校汽车类专业的核心课程之一。本书采用任务导向的编写格式，突出了实践性、实用性、先进性，打破传统教材的体系划分，依据现行行业规范、标准及技术动态以及汽车维修技师和服务顾问职业岗位的任职需求，以一汽－大众捷达轿车为例，依据企业按照行驶里程进行保养的逻辑事实，序化教材内容，从提高学生的实际操作技能、专业基础理论、分析和解决生产过程中常见问题的能力入手，力求突出新知识、新理论、新方法。此外，本教材还增设了二维码链接，以图文和视频的方式向读者呈现每个工作任务的具体操作过程，帮助学生学习。

本教材贯彻落实党的二十大精神，坚持"立德树人、以人为本"的编写理念，以岗位需求为导向，以能力素质为核心。教材对接汽车维护保养岗位的实际工作任务，由浅入深、循序渐近。学生通过对教材内容知识的学习掌握，可无缝对接汽车维护与保养工作岗位的要求，实现岗课融通。

教材内容的组织采取任务导向的编写方式，以任务导入、知识讲解、项目实施、知识延伸、能力拓展、练习巩固等内容来编排。以汽车维护与保养岗位的典型工作内容为主线，以学生为中心，突出能力本位，将理论知识与实践操作紧密结合、知识迁移与能力拓展有机统一，既有助于培养学生对专业知识和专业技能的掌握，也有助于培养学生爱岗、敬业、诚信、友善的职业素养和职业能力。

教材内容采用强化实践技能的工作表单，以训练学生综合素质和手脑并用的能力。从工作任务实施目标、准备、步骤、安全操作规范、任务组织以及团队合作等出发，引导学生在项目实施的过程中，逐步养成执着专注、精益求精、一丝不苟、追求卓越的工匠精神和诚实劳动的劳动精神。同时培养学生的创新意识、工作组织能力和团队合作精神。

本书由贵州航天职业技术学院江华、覃信举和湖北工业职业技术学院马伟担任主编并统稿，由贵州航天职业技术学院乐猛勇、何均、汤茂银担任副主编，由四川交通职业技术学院汽车工程系方文主审。

本书在编写过程中还邀请企业专家遵义市汇川区汽车流通协会会长、遵义万事兴汽车销售有限公司董事长胡兵、遵义市千乘汽车销售服务有限公司总经理吴思齐、贵州航天实业汽车服务有限公司总经理卢天强、遵义市贵强汽车销售服务有限公司总经理王进、遵义市千汇汽车销售服务有限公司理赔部经理何勇等亲临指导，并提供了汽车维护与保养实际项目任务的真实生产案例，深度参与项目任务的编写。教材通俗易懂，实用性强，本书既可作为高职高专汽车技术服务类专业教材，也可作为成人教育、职工培训用的专业教材，还可作为汽车使用、维修、管理等工程技术人员的参考用书。

本书编写承蒙各位专家指导并提出宝贵意见，还参考了有关著作、教材等，在此对有关人员和参考文献的作者表示衷心感谢！

限于编者水平有限，书中难免会有疏漏和不足之处，恳请业内专家、同仁、广大读者批评指正，非常感谢！

编　者

目　　录

项目一

售前检查

本项目主要介绍了汽车售前检查的重要性、售前检查的作业项目以及汽车维护保养时的安全操作规程。

通过本项目的学习，使同学们在进行汽车维护保养作业时，具有安全操作意识，养成安全操作习惯，掌握安全操作规程和售前检查作业项目的操作方法和步骤，使学生毕业以后能够适应相应的职业岗位。

工作任务 1 安全操作规范

学习目标

1. 了解售前检查的必要性。
2. 掌握维护与保养作业的安全操作规范。
3. 了解维护与保养作业场地的安全防护知识。

学习要求

能力目标	知识要点	权重/%
熟知车辆静态安全操作规范	车辆静态安全操作规范步骤	25
熟知车辆动态安全操作规范	车辆动态安全操作规范步骤	25
具备安全作业的能力	安全作业知识	35
掌握维护与保养作业场地基本要求	维护与保养作业场地基本要求	15

引例

维修技师对即将售出的一汽－大众捷达轿车①（以下简称大众捷达轿车或捷达轿车）进行售前检查，以保证车辆处于最佳状态，用户提车后即可驾驶。维修技师具备安全作业的能力，是汽车特约维修企业生产经营最基本的保障。

汽车特约维修企业里的维修人员应具备哪些安全作业的能力才能对即将售出的一汽－大众新捷达轿车进行售前检查呢？

1.1.1 相关知识

一、售前检查的必要性

新车从生产厂到达经销商处经历了道路运输和长时间的停放，再到顾客手里，经历的途径很长，很容易造成损伤。为了向顾客保证新车的安全性和原厂性能，需要进行售前检查，以保证车辆处于最佳状态，用户提车后即可驾驶。

---

① 此书中一般指一汽－大众新捷达轿车。

什么是 PDI？PDI 是英文 Pre-delivery Inspection 的缩写，翻译过来就是交付前检查或售前检查，是经销商将新车交付给消费者之前必须履行的检查程序。

PDI（售前检查）包含了车辆所有的电器零件和机械零件，具体检查项目有以下几项：

（1）外观：漆面、轮胎胎压（包括备胎）、车门开闭、儿童锁，甚至车辆是否有漏水的部位等；

（2）内部：内饰件、密封条有无缝隙，保险丝状态、座椅和安全带状态以及各设备是否使用正常等；

（3）发动机舱：蓄电池状态、各油液液位、驱动皮带张力以及发动机噪声等；

（4）底盘：制动系统、燃油系统、轮胎气压以及轮胎状态等；

（5）路试：仪表盘内的信息、行驶状态、有无顿挫、各仪表工作情况、导航是否正确等。

同时电子自动化程度越高的车型，售前检查项目往往也会越多。

售前检查是新车在投入运行前的一个重要环节，涉及制造厂、供应商和用户三方的关系，是对新车质量的再一次验证，是消除质量事故隐患的必要措施，也是对购车客户兑现承诺及系列优质服务的开始。

二、维护与保养作业安全防护知识

（一）维护与保养作业场地基本要求

（1）操作场地要有足够的使用面积和高度空间，要符合车辆特约维修站的标准，如图 1-1 和图 1-2 所示。

图 1-1　车间场地空间

（2）操作场地须保证充足的照明，光源高度在 3.5~4m 吊装，亮度要符合要求，在自然光线不足的情况下也能正常进行作业，如图 1-3 所示。

图1-2　车间场地面积

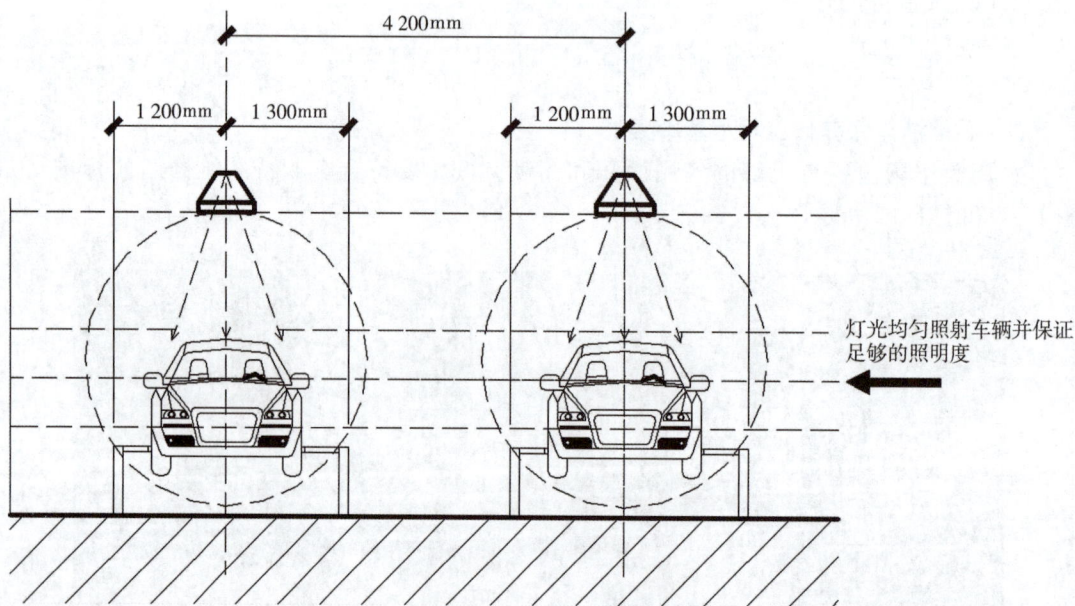

灯光均匀照射车辆并保证足够的照明度

图1-3　车间照明

（3）操作场地要有必备的消防设施，消防管线及消防栓根据当地消防法规的要求来设计确定。

（4）操作场地要有必要的通风和汽车尾气强排设施，车间的通风采用自然通风与强制通风相结合的方式。自然通风采用打开门窗通风的方式即可。在自然通风无法满足换气和降温的需求时，可采取强制通风，在车间两侧大门上方同时、同向安装排风扇，设备的直径要大于600mm。在建筑结构许可的情况下，使用轴流风扇效果更佳，如图1-4所示。

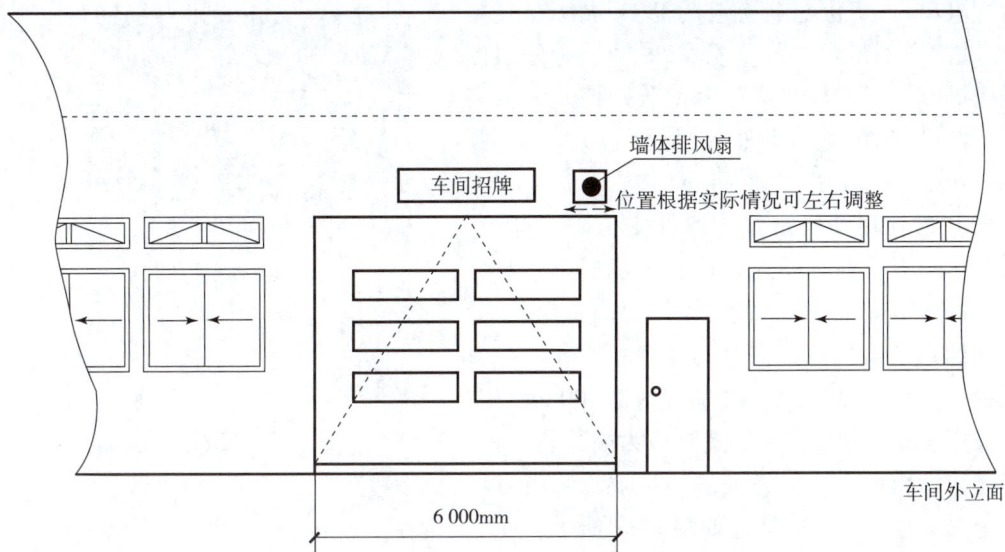

墙体排风扇
位置根据实际情况可左右调整

车间招牌

车间外立面

6 000mm

图1-4 车间强制通风

（5）操作场地的地面应能长期承受车辆以及设备的重量，所以地面的基础要有足够的强度。地面的基础根据功能的不同分为一般地面基础与安装设备基础两种。前者主要是指通道区域，后者主要是指维修工位区域。比如：四柱举升机重量4吨（含车重），单柱重1吨，基础柱底为正方形，边长30～40cm；两柱举升机重量4吨（含车重），单柱重2吨，基础柱底为正方形，边长30～40cm。

（6）操作场地要配备恒压气源，全车间气源管路成闭环供气。为风动工具、轮胎充气和零部件清洁提供便利，如图1-5所示。

图1-5 空压机房

（7）操作场地内每两个工位设置一个网线接口，以备检测维修设备之用。

（8）操作场地要建设总配电室，外部电源引入总配电室，维护保养车间内部电源从配电室沿电缆桥架直接引至各车间配电箱，由各车间配电箱至各工位配电箱（各工位要配备

5

工位配电箱）。工位配电箱包括 380V 电源总开关（额定功率 2.2kW）一个、分开关两个（分别控制两个插座）、220V 开关三个（分别控制三眼扁插座、两孔扁圆两用插座及照明），如图 1－6 所示。

（9）操作场地要设置支撑柱安全防撞标识，以方便工作人员在车间内工作及车辆通行，避免在车间内发生碰撞事故，同时可以提高工作效率。支撑柱四角的防撞标识高度为 1.3～1.5m，与窗台线同高，标识宽度为柱角左右均是 100mm。颜色为黄黑斜条均匀配置，制造材质为高品质塑料，黄色条纹涂料内含高反光度细小玻璃珠，当有灯光照射时，非常明亮清晰，如图 1－7 所示。

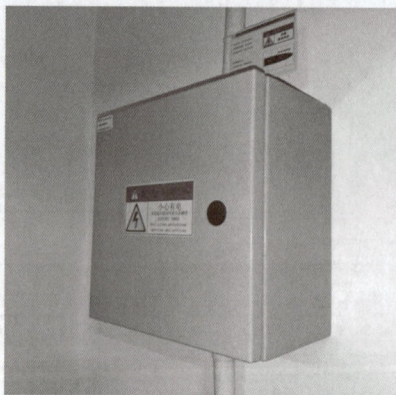

图 1－6　各工位配电箱

图 1－7　支撑柱安全防撞标识

（10）操作场地要设置给排水。给水由外部经一根六分水管直接引入卫生间，由此分接即可。排水沟可以在通道两侧各设置一条，排水沟应保持清洁干燥，如图 1－8 所示。

洗车区设置全覆盖网格栅，格栅网格必须小于 20mm，防止各种设备上的小附件掉落其中，配备相应洗车循环水设备，并单独设置相应容量的沉淀池，如图 1－9 所示。

（二）防火安全知识

（1）定期组织员工进行消防知识培训，增强每位员工的消防安全意识。

（2）操作场地消防设施要齐全，保证消防设施性能良好。

（3）在操作场地内显著位置，张贴防火和禁烟标志。

（4）在机油储存地或可燃零件清洗剂附近，不要使用明火，吸满汽油或机油的碎布应当放置在带盖的金属容器中。

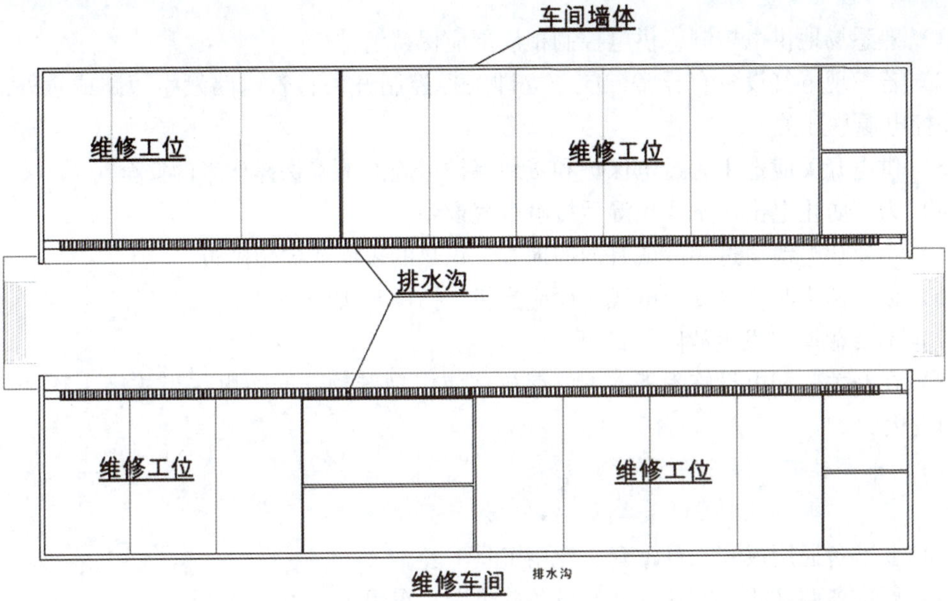

车间墙体

维修工位　　　　　　　维修工位

排水沟

维修工位　　　　　　　维修工位

维修车间　排水沟

图1-8　车间排水沟

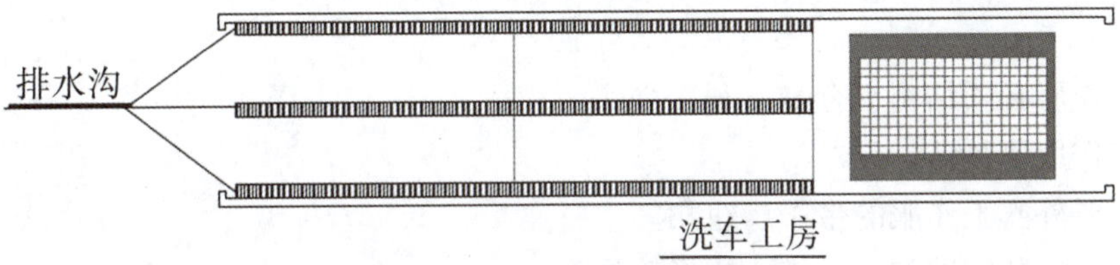

排水沟

洗车工房

图1-9　洗车区排水网格栅

（5）处于充电状态的蓄电池附近不能见明火或火花，因为充电时会产生可爆炸的混合气体。

（6）不要将废弃的汽油、有机清洗剂、机油和齿轮油直接倒入车间内外的污水排放系统，因为这样会使污水排放系统存在发生火灾的危险，会造成环境污染，同时也是一种浪费。废液要集中存放，以备回收后再利用。

（7）有燃油泄漏的车辆在没有修好之前，不要起动发动机，维修燃油系统之前，首先要对燃油系统进行泄压操作，随后断开蓄电池负极，并防止燃油外漏。

（8）若必须在操作场地使用燃油或有机清洗剂等物质，一定要选用通风状况良好的地方。

（9）操作场地必须设置消防安全疏散示意图，在遇到意外情况时，方便及时组织紧急救护和撤离，并为消防车的进出提供紧急通道。

（10）若发生火灾，全体人员应第一时间投入救火工作中，应知道灭火器、消防栓的安放位置，能正确地使用灭火器材，及时控制火势；若火势得不到有效控制，应立即拨打"119"，并组织人员安全撤离。

（三）防触电安全知识

（1）熟悉场地供电控制，供电控制柜周围应保持清洁。

（2）若发现电气设备有异常，应该立即关掉控制开关；若电路发生短路或意外，也应立即关掉电源总开关。

（3）供电开关应选用有过电保护和接地保护措施的，确保操作者的安全。

（4）为了防止电击，不要用湿手接触电气设备。

（5）不要让电缆通过潮湿或有油的地方、炽热的表面或尖角附近。

（6）拔下插头时，不要拉电线，而应当拔、插插头头子。

（7）不要触摸"发生故障"的开关。

（8）在开关、配电设施附近，不要存放、使用易燃物，严防电气设施因工作产生电火花而引发火灾。

（四）车辆维护与保养安全操作规范

1. 设备、工具和材料要准备到位，要做好安全防范措施

（1）要准备通用成套工具1套、专用工具1套。

（2）要准备两柱式、四柱式举升设备各1套，车用千斤顶1个。

（3）要准备好车辆维护与保养防护装置、安全防火设施。

（4）要准备车辆维护与保养用轿车1部。

2. 操作人员要穿戴符合企业要求的工作服

（1）工作服必须结实、合身，利于操作。

（2）工作服要整洁、无油污。

（3）不要外露工作服的带子、纽扣。

（4）不要佩戴钥匙扣、手表、戒指等物品。

（5）提升重物或拆卸比较热的部件时，要戴上工作手套。

（6）佩戴工帽，穿防滑、防静电工作鞋，必要时戴绝缘手套。

3. 作业前要对车辆进行防护

（1）要铺设防护三件套，以保护车辆表面油漆。

（2）驾驶室内要装一次性方向盘、驾驶员座椅、脚垫防护套。

4. 操作要点

（1）优先考虑使用专用工具，其次选用通用工具。

（2）优先选用梅花、套筒扳手，其次为开口扳手，最后选择活动扳手。

（3）在拆卸零件之前，检查零部件总成的整体状况，判断是否有变形或损坏。

（4）对于复杂的总成，要做记录，必要时要做装配标记。

（5）对拆卸的零件要全面检查，装配前一定要将零件清洗干净。

（6）拆卸的零件要放入单独的盒子，以免与新零件混淆或弄脏新零件。

（7）不可重复使用的零件，如衬垫、O型圈、开口销等，要按要求进行更换。

5. 操作标准

（1）保证工具不落地。

（2）保证配件不落地。

（3）保证废料不落地。

（4）保证油料不落地。

（5）保证没有遗漏的作业项目。

（6）保证垃圾分类存放，及时清扫工位卫生。

1.1.2　任务实施

一、静态安全操作规范

1. 任务实施目标

（1）掌握静态安全操作规范的作业内容。

（2）养成安全操作的习惯。

2. 任务实施准备

（1）一汽－大众新捷达一辆；举升机一台；专用工具一套，通用工具 1~2 套。

（2）外三件套（发动机舱防护罩）一套，内三件套（座椅套、转向盘套、脚垫）一套。

（3）捷达维修手册一份（电子版）。

3. 任务实施步骤

（1）进入实操场地必须穿戴好工作服帽，严禁穿拖鞋凉鞋。

（2）在整车上进行操作前，必须用三角木将四个车轮顶住，并拉紧驻车制动器。

（3）使用检测仪器前，应认真掌握检测仪器的使用方法和注意事项。

（4）使用检测仪器时，应按照要求正确接线，以免损坏设备；操作时要按实操要求操作仪器面板上的开关（或按钮），与本次实操无关的仪器设备不得乱动。

（5）在维护作业中，进入驾驶室，按要求铺好内三件套；打开引擎盖，按要求铺好外三件套。

（6）在操作过程中，精神必须集中，当闻到焦臭味、见到冒烟和火花、听到"噼啪"声响、感到设备过热或出现保险丝熔断等异常现象时，应立即停机并切断电源，在故障未排除前，不得再次通电。

（7）搬动仪器设备，必须轻拿轻放，未经允许，不得随意调换仪器设备，更不能擅自拆卸仪器设备。

（8）保持室内通风良好，严禁烟火；要清楚操作现场灭火器的摆放位置以及使用方法。

（9）在进行强电或具有一定危险性的操作时，应由两个人合作，在接通交流 220V 电源前，应通知合作者。

（10）万一发生触电事故，应立即迅速切断电源，如距电源较远，可用绝缘器具切断电源线，使触电者立即脱离电源，并采取必要的急救措施。

（11）操作完毕后，必须保养维护设备，清洁场地，放回工具。

二、动态安全操作规范

1. 任务实施目标

（1）掌握动态安全操作规范的作业内容。

（2）养成安全操作的习惯。

2. 任务实施准备

（1）车辆维护与保养用轿车一部；两柱式、四柱式举升设备各1套；车用千斤顶1个。

（2）专用工具一套，通用工具1～2套。

3. 任务实施步骤

（1）操作人员着装要符合企业统一的着装标准，佩戴工帽，穿防滑、防静电工作鞋，必要时戴绝缘手套。

（2）车辆进入举升机时，要保证车辆左右两侧距离举升机两柱之间的间距尽量相等。

（3）车辆在举升前，要确保起重臂放置在车辆顶起标识的位置，确保起重臂没有接触到制动管道、燃油管道和其他部件。

（4）车辆在举升前，要检查是否将行李箱内的多余物品全部清理干净，是否关严所有的车门。

（5）举升时要观察周围，确认安全后，才能举升车辆。严禁在举升机滑架下面放置修车工具、零件及其他物品。

（6）将车辆举升到离地面10cm处时，停止举升，晃动一下车辆，检查各支撑点是否可靠，确定支承有效后，才可继续举升，否则应落地后重新调整顶起位置。

（7）车辆举升到适当范围，需要维修作业时，一定将举升机锁止。

（8）举升机再次操作，先要解除举升机锁止（安全保险装置），再进行升降作业。

（9）举升机工作时，操作人员应时刻注意举升机的运行情况，发现异常，立即停机检查。

（10）举升机在上升、下降过程中严禁任何人进入工作区。

（11）使用千斤顶作业时，不要将千斤顶顶靠在悬架部件的稳定杆、前后保险杠或车身底面上，否则会引起这些部件的变形。

（12）在千斤顶支起的车辆下作业时，应辅助马凳，不能使用多个千斤顶作业；需要移动千斤顶，要用调整好高度的马凳替换千斤顶，然后再利用千斤顶在其他部位作业，以保证安全。

（13）作业完毕要放下千斤顶时，一定要检查车下是否有其他物品，多人作业时，要提醒他人注意"千斤顶即将放下"，然后缓慢释放锁紧手柄，让车辆慢慢落下，移出千斤顶。

（14）维修作业时间较长需将车辆停放在举升机上时，应尽量将车辆放低一些。

（15）车辆放下后，要将所有的支承脱离车辆，并用车轮挡块固定车辆。

（16）车辆仅仅被顶起前端或后端时，应将车轮挡块作用于另一端，确保地面上的车轮不会转动。

（17）充电机中通强电的连接导线应有良好的绝缘外套，芯线不得外露；在使用充电机前，正、负极必须连接正确，避免连接错误，烧毁设备。

（18）发动机的拆装，必须按照相应的技术规范进行，工具及零件必须整齐有序地摆放在工作台上，不得随意摆放，更不能摆放在地上，地面不能有油污，必须保持干净整洁。

（19）汽车维护保养时，工具不得放置在汽车上，应在工具车上放置。

（20）起动发动机前，要认真检查机油和冷却水是否足够；连接线路是否连接齐全以及是否有搭铁短路现象。

（21）起动发动机前，要认真检查燃油箱及燃油管路是否有泄漏现象，避免因燃油泄漏而引起火灾。

（22）起动发动机时，应通知在场人员，保持安全距离。

（23）发动机运转时，不能用手直接接触高温部件，避免烫伤，严禁打开水箱盖。

（24）发动机运转时，必须保持室内通风良好和接好尾排，并且严禁烟火。

（25）拆装检修汽车电器时，应先断开蓄电池正极电路，以防高压电击。

车辆举升设备的
安全操作

（26）拆检制动器时，保持摩擦片清洁，不得沾有油污。

（27）操作完毕后，必须保养维护设备，清洁场地，放回工具。

1.1.3　学习任务单

任务名称	车辆举升设备的安全操作	序号		日期	
学生姓名		学号		班级	
任务目标	1. 掌握车辆举升前的准备工作； 2. 掌握车辆举升时的安全防护方法； 3. 能够对车辆进行举升作业。				

一、资讯

1. 两柱举升机的安全操作规程；

2. 车辆千斤顶的安全操作方法。

二、计划和决策

根据任务要求，准备所需设备器材，并对小组成员合理分工，如表1-1所示。

表1-1　人员分工

组号					
组长					
组员					
主操作	辅操作	工具管理	记录	安全监督	5S 监督

根据小组成员的分工情况，制订实施计划，明确完成时间，如表1-2所示。

表1-2　实施计划

人员分工		制订实施计划	明确完成时间
	组号		
	组长		
	组员		

三、实施

1. 任务所需设备器材的准备；
2. 车辆安全防护作业，小组成员轮换作业；
3. 两柱举升机举升车辆作业，小组成员轮换作业；
4. 车辆千斤顶举升车辆作业，小组成员轮换作业。

四、检查

1. 小组成员是否人人都能作业；
2. 小组成员是否人人都能按照规范作业；
3. 小组成员是否分工合作；
4. 小组成员是否人人都有安全意识。

五、评价

1. 根据小组完成任务的情况，对自己所做的工作进行评价，并提出改进意见。

2. 教师对学生工作情况进行点评。

3. 综合评定（见表1－3）。

表1－3　综合评定

小组自评 （30%）	小组互评 （30%）	教师评定 （40%）	综合成绩	备注

工作任务2　目视检测

学习目标

1. 会目视检查发动机、底盘、车身附件、发动机舱和全车用电器。

2. 掌握全车用电器的操作和检查方法。

3. 掌握检查所有灯光、信号及其他电气开关的方法。

4. 能向客户介绍制动汽车各个部件的名称、功用及基本工作原理。

5. 能检验新车的各项功能，确保车辆处于最佳状态。

6. 掌握新车的日常维护与保养。

7. 具有团队精神和协作精神。

8. 具有良好的心理素质和克服困难的能力。

学习要求

能力目标	知识要点	权重/%
能够熟练配合完成二人灯光检查，掌握操作方法和手势	前部灯光的操作及检查手势；后部灯光的操作及检查手势	20
明确全车用电器检查内容	全车用电器的工作内容	20
掌握全车用电器的操作和检查方法	车内灯光检查；车内其他用电器检查	20
能向客户介绍汽车各个部件的名称、功用及基本工作原理	汽车各个零部件的识别及基本工作原理	20
能检验新车的各项功能，确保车辆处于最佳状态，并掌握新车的日常维护与保养	新车的日常维护与保养的内容	20

引例

维修技师要对交付的新车进行售前检查，售前检查有哪些作业项目呢？

1.2.1　相关知识

一、电器件的工作情况检查

（一）车辆外部灯光检查
1. 车辆外部灯光检查及灯光测试配合手势
1）汽车灯具的分类

（1）车辆前部灯光包括的内容如下，灯光组合开关如图 1-10 所示。

①示宽灯——汽车示宽灯就是车上前位灯与后位灯。其实示廓灯和示宽灯差不多。车型不同，示宽灯的位置也不相同。小车上的示宽灯俗称小灯。一般大车体积大，前后两侧的灯称为示宽灯。货车上的示宽灯又俗称边灯。

②示廓灯——这是指安装在车辆最外缘和尽可能靠近最高顶部附近，用来表明车宽的灯具，对于某些车辆和挂车，它用来补充前、后位灯以引起对其整体的特别关注。

③近光灯——这是指照明车辆前方道路，对来车驾驶员和其他道路使用者不造成炫目或不舒适感的灯具。

图 1-10　灯光组合开关

④驻车灯——这是指在汽车配置有驻车灯的条件下，在临时停车熄火时对车辆、路人等周边环境起安全提醒作用的警示灯，以提示汽车位置。驻车灯开启时，大灯会亮起，灯光强度较弱，尾灯同时亮起，起到安全提示作用。

⑤远光灯——这是指照明车辆前方远距离道路的灯具。

⑥雾灯——这是指用于改善在雾、雪、雨或尘埃情况下道路的照明灯具。

⑦转向灯——这是指用于向其他使用道路者表明车辆将向右或向左转向的灯具。有前转向灯、后转向灯、侧转向灯等。

⑧安全警告灯——也就是危险报警闪光灯，俗称双闪灯（或双蹦灯），这种灯是出于安全的考虑而设置的。

（2）车辆后部灯光包括的内容如下：

①倒车灯——这是指照明车辆后方道路和警告其他使用道路者，车辆正在倒车的灯具。

②制动灯——这是指向车辆后方其他使用道路者，表明车辆正在制动的灯具。制动灯可以通过换减速器或类似装置点亮。

③牌照灯——牌照灯主要用来照明车牌，使人们在黑夜中辨别车辆牌照。

④倒车雷达——倒车雷达是汽车驻车或者倒车时的安全辅助装置，能以声音或者更为直观的显示告知驾驶员周围障碍物的情况，解除驾驶员驻车、倒车和起动车辆时前后左右探视所引起的困扰，并帮助驾驶员扫除视野死角和视线模糊的缺陷。

（3）车辆灯光操作方法回顾。

①转向灯，打开点火开关，上下搬动转向开关手柄，分别亮起右转向灯和左转向灯。

②驻车灯，关闭点火开关，上下搬动转向开关手柄，分别亮起右边及左边驻车灯。

A. 组合开关的操作方法回顾。

a. 小灯（示宽灯）：打开点火开关，将组合开关顺时针旋转一个挡位；

b. 大灯：打开点火开关，将组合开关顺时针旋转至第二个挡位；

c. 雾灯（防雾灯）：在组合开关旋转至小灯位置或大灯位置后，向外拔出一个挡位，前雾灯亮，拔出两个挡位，后雾灯亮。

B. 组合开关回顾完毕后，回顾远/近光的切换功能。

a. 变光：沿方向盘轴向方向，向上抬起转向灯开关，大灯进行远近光切换，松开后，开关自动弹回，大灯变回近光。

b. 远光：沿方向盘轴向方向，向下扳动转向灯开关，大灯切换为远光，且松开手后，开关不会自动弹回，大灯始终保持远光状态。

2）车辆外部灯光检查

车辆外部灯光检查如图 1-11 所示。

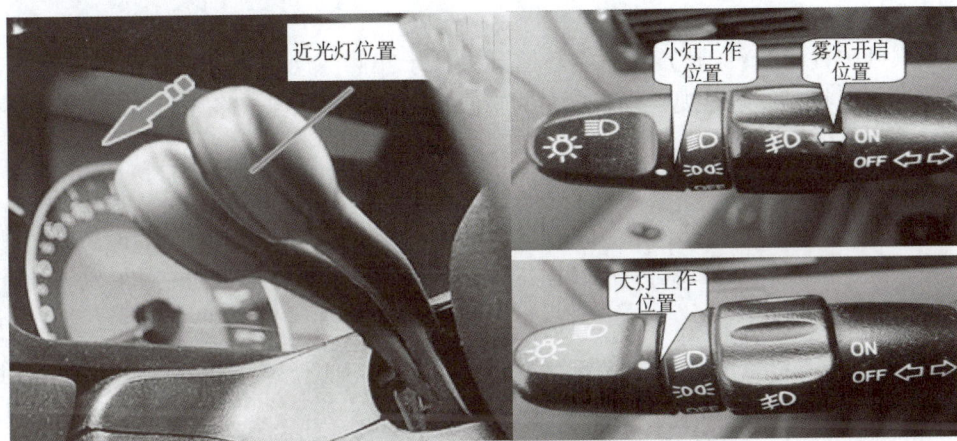

近光灯位置

小灯工作位置

雾灯开启位置

大灯工作位置

图 1-11 远近光转换

车辆灯光检查由两人配合完成：一人在驾驶室内操纵灯光开关，同时检查开关、仪表警示灯、室内灯的使用状况；另一人在车外前后、左右观察各种灯光的工作情况，并通过手势与室内人员沟通。

💡 **特别提示**：灯光检查耗电量较大，作业时发动机应处于运转状态。

（1）示宽灯、尾灯、牌照灯、仪表照明灯检查。

将灯光总开关置于小灯位置，观察车前示宽灯点亮状况，观察车后尾灯和牌照灯点亮状况，同时观察室内仪表照明灯点亮状况。

（2）雾灯检查。

将灯光总开关置于小灯位置，打开雾灯开关，观察雾灯点亮状况。

注意：雾灯一般是在灯光总开关置于小灯位置时工作。

（3）大灯近光检查。

将灯光总开关从小灯位置置于大灯位置，且开关上下处于近光位置（上下之间的中位），观察车前大灯近光工作状况。

（4）大灯远光检查。

将灯光总开关从近光位置向下推到远光位置（上下之间的下位），观察车前大灯远光点亮状况，观察仪表盘上远光指示灯点亮状况。

（5）大灯闪光检查。

将灯光总开关置于 OFF（关）位置，上拉开关置于闪光位置（上下之间的上位），观察车前大灯是否闪亮，观察仪表盘上远光指示灯是否闪亮。

知识点：大灯闪光即超车信号灯，超车时发出该信号，前方车辆很容易收到该信号。

（6）转向灯及转向开关自动回位检查，如图 1 - 12 所示。

①左侧转向灯检查。

将点火开关置于 ON（开）位置，转向开关置于左侧转向位置，观察车辆左侧前、后、侧面转向灯点亮状况，同时观察仪表盘左侧转向指示灯点亮状况，将方向盘向右侧转动，检查转向开关是否能自动回位。

②右侧转向灯检查。

将点火开关置于 ON 位置，转向开关置于右侧转向位置，观察车辆右侧前、后、侧面转向灯点亮状况，同时观察仪表盘右侧转向指示灯点亮状况，将方向盘向左侧转动，检查转向开关是否能自动回位。

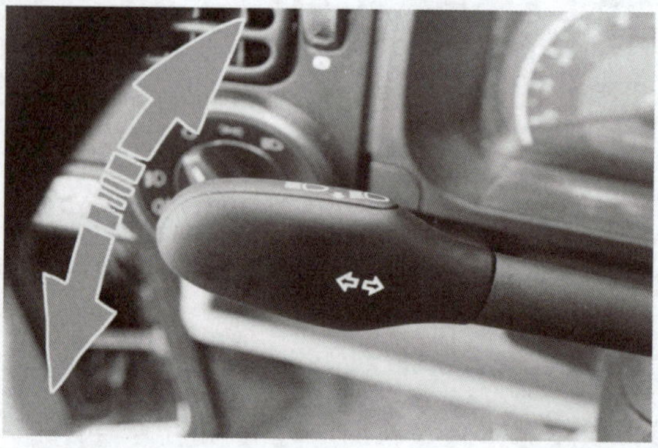

图 1 - 12　转向灯开关

（7）安全警告灯检查，如图 1 - 13 所示。

（8）按下安全警告灯开关，观察车辆前后、左右所有的转向灯是否点亮，观察仪表盘上危险信号指示灯是否点亮。

按压

图 1 - 13　安全警告灯

思考：在什么情况下使用危险信号灯？

（9）制动灯检查。

将灯光总开关置于小灯位置，踩下制动踏板，观察车辆后方制动灯（包含高位制动灯）是否点亮。

知识点：制动灯和尾灯共用一个双尾灯泡，尾灯灯丝的功率约为5W，制动灯灯丝的功率约为21W，因此，检查制动灯是否点亮时，应以尾灯亮起为标志，确认制动灯是否工作正常。

（10）倒车灯检查，如图1-14所示。

将点火开关置于ON位置（有的车型不用），变速手柄置于倒挡位置，观察车后倒车指示灯是否点亮。

图1-14 倒车灯

3）车辆灯光测试配合手势

（1）前示宽灯：立正，双臂向两边平张，手掌向内侧，如图1-15所示。

（2）近光灯：立正，双臂向前伸直，手掌向下斜指地面，如图1-16所示。

车辆外部灯光检查

图 1-15　前示宽灯

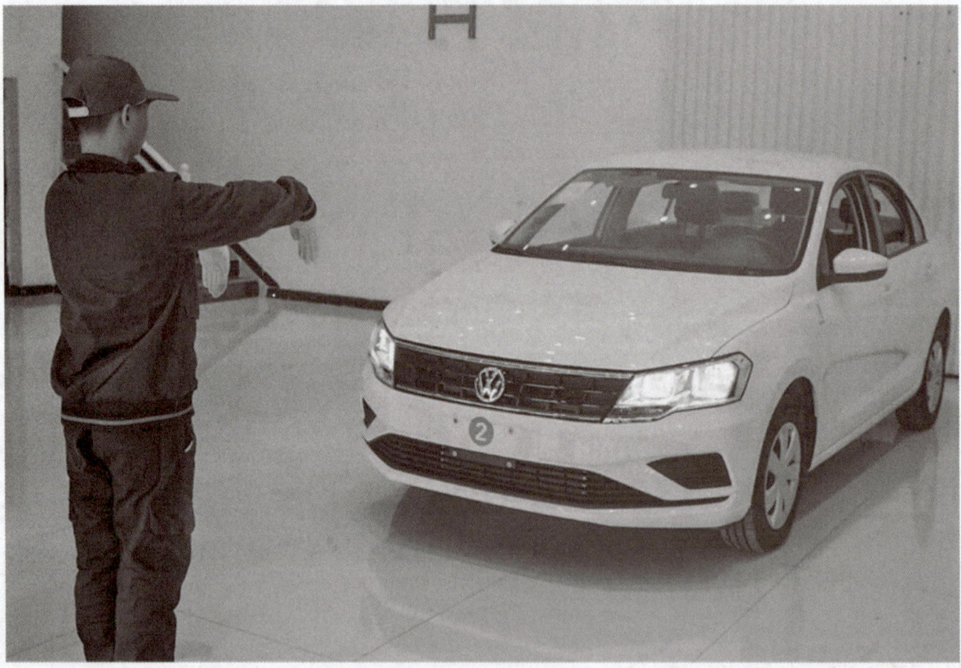

图 1-16　近光灯

（3）远光灯：双手向前，双臂向上弯曲，手掌摊开，掌心朝后，如图 1 - 17 所示。

图 1 - 17 远光灯

（4）前雾灯：立正，双臂平行向前伸直，双手握起，拇指向下，如图 1 - 18 所示。

图 1 - 18 前雾灯

（5）前右转向灯：立正，左手向左伸直，手掌向下，四指和拇指闪烁指示动作，如图 1 – 19 所示。

图 1 – 19　前右转向灯

（6）前左转向灯：立正，右手向右伸直，手掌向下，四指和拇指闪烁指示动作，如图 1 – 20 所示。

图 1 – 20　前左转向灯

（7）前安全警告灯：立正，双臂向两边平张，手掌向下，四指和拇指做闪烁指示动作，如图 1 – 21 所示。

图 1-21　前安全警告灯

（8）前右驻车灯：立正，左手向左伸直，手掌向内侧，如图 1-22 所示。

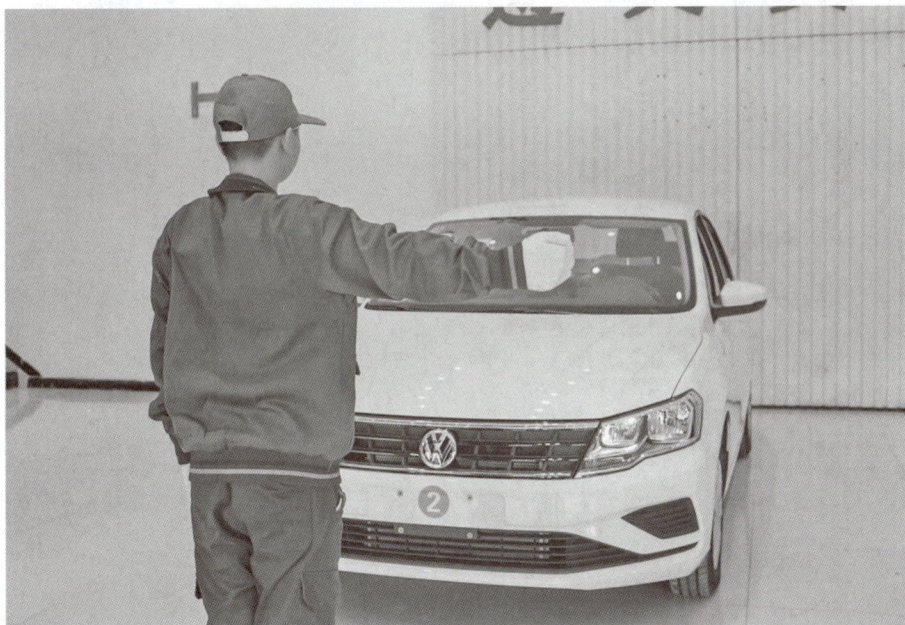

图 1-22　前右驻车灯

（9）前左驻车灯：立正，右手向右伸直，手掌向内侧，如图 1 –23 所示。

图 1 –23　前左驻车灯

（10）左后驻车灯：立正，左手向左伸直，手掌向内侧，如图 1 –24 所示。

图 1 –24　左后驻车灯

（11）右后驻车灯：立正，右手向右伸直，手掌向内侧，如图 1 –25 所示。

（12）后示宽灯：立正，双臂向两边平张，手掌向内侧，如图 1 –26 所示。

图 1 - 25　右后驻车灯

图 1 - 26　后示宽灯

（13）后雾灯：立正，双臂平行向前伸直，双手握起，拇指向下，如图 1 - 27 所示。

图 1 - 27　后雾灯

（14）左后转向灯：立正，左手向左伸直，手掌向下，四指和拇指闪烁指示动作，如图 1 - 28 所示。

（15）右后转向灯：立正，右手向右伸直，手掌向下，四指和拇指闪烁指示动作，如图 1 - 29 所示。

图 1-28   左后转向灯

图 1-29   右后转向灯

（16）后安全警告灯：立正，双臂向两边平张，手掌向下，四指和拇指做闪烁指示动作，如图 1-30 所示。

图 1-30   后安全警告灯

（17）后刹车灯：立正，双手平行向前，手掌向下，如图 1-31 所示。

图 1-31　后刹车灯

（18）后倒车灯：立正，双臂平行向前升起，手掌向后，如图 1-32 所示。

图 1-32　后倒车灯

（19）倒车雷达（报警装置）和牌照灯：检查倒车雷达及牌照灯工作是否正常，如正常，举起右手做 OK（好）动作，如图 1-33 所示。

图 1-33 倒车雷达和牌照灯

（二）车辆内部灯光及用电器检查

1. 仪表警示灯检查

仪表警示灯检查如图 1-34 所示。

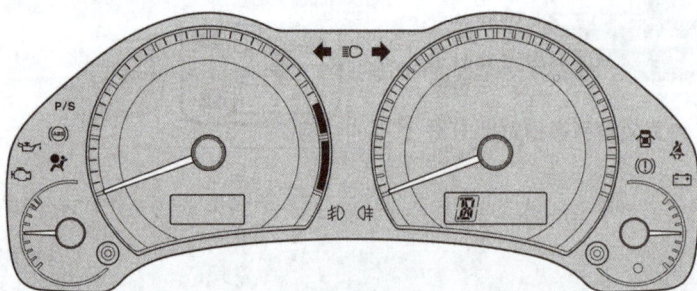

图 1-34 仪表警示灯

正确起动发动机，观察所有警示灯是否同时亮起，等待 2~3 秒，汽车电脑进行自检后，观察除驻车制动器指示灯之外的所有警示灯是否熄灭。

> 思考：你所检查的车型仪表盘上有多少种仪表警示灯？

2. 室内照明灯检查

车内照明灯检查如图 1-35 所示。

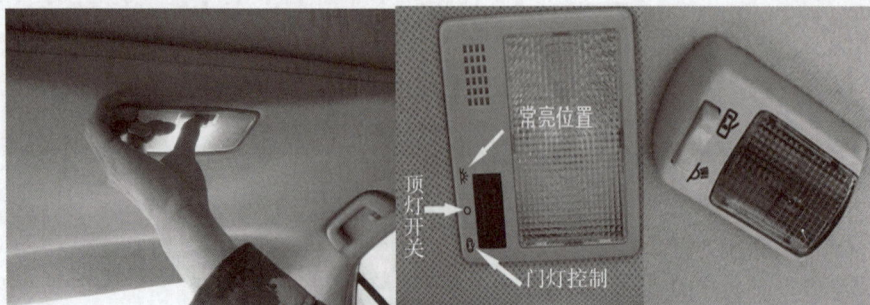

常亮位置
顶灯开关
门灯控制

图 1-35 室内照明灯

将室内照明灯开关由 OFF 位置旋至 ON 位置，观察室内照明灯点亮状况，然后将开关置于 DOOR（车门）位置。

3. 检查储物盒及后备厢照明灯

检查储物盒及后备厢照明灯如图 1 – 36 所示。

分别打开副驾驶储物盒和后备厢，检查储物盒内和后备厢内照明灯点亮情况。

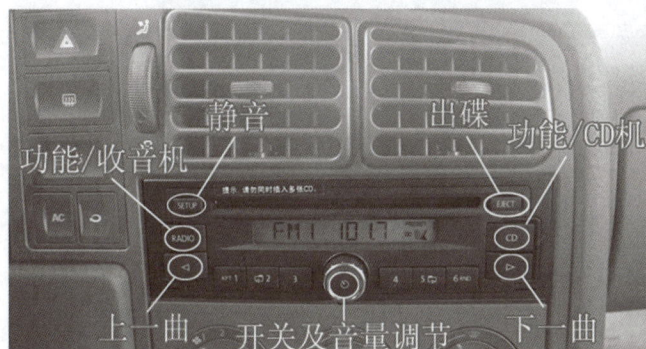

图 1 – 36　储物盒照明灯及后备厢照明灯

4. 车内其他用电器检查

车内其他用电器检查如图 1 – 37 所示。

（a）

（b）

图 1 – 37　空调

1）检查收音机和 CD 机是否正常

（1）打开 CD 机并旋转音量调节旋钮，检查音量控制是否正常，并注意驾驶室内各个扬声器是否正常。

（2）在 CD 机与收音机功能之间切换，分别检查调频是否正常，CD 读碟是否正常。

2）检查空调系统是否正常

（1）打开鼓风机旋钮，至各个挡位，检查鼓风机各个挡位是否正常。

（2）将鼓风机风量调至最大，并调节出风模式，选择装置，检查各个出风模式是否正常。

（3）将鼓风机风量开至最大，调节出风模式为最大风量。起动发动机并打开"A/C 开关"，检查出风口是否有凉风吹出。

（4）在打开空调的情况下，操纵温度控制开关，用红外温度仪检测出风口温度是否随温度调节而改变。

3）检查雨刮器及风窗清洗功能

（1）打开点火开关，上下搬动雨刮开关，分别检查各个挡位工作是否正常，雨刮器是否存在卡滞现象，雨刮器回位是否正常，如图 1－38 所示。

（2）向方向盘方向搬动雨刮器开关，观察喷水嘴喷水形状及位置是否合理。

图 1－38　雨刮器

4）检查点烟器及其他用电器

（1）按动方向盘中间的喇叭开关，检查喇叭是否正常，如图 1－39 所示。

（2）将点烟器按下，检查其是否能够正常弹起。

图 1－39　点烟器

二、车后视镜、门后视镜检查

汽车后视镜属于重要安全件，它的镜面、外形都颇有讲究。所以，后视镜的质量及安装都有相应的行业标准，不能随意更改。车有三个后视镜，车主一天看它们不下百来回，但怎么调整后视镜，还是有一定规矩的。三步骤正确调整后视镜位置。

（一）检查门后视镜调整功能

调整旋钮 A 可切换左右外后视镜，如图 1-40 所示。

L：左外后视镜调整。

O：空挡位置。

R：右外后视镜调整。

R：倒车俯倾功能（如果有，挂倒挡，后视镜向下转，退出倒挡，后视镜回位）。

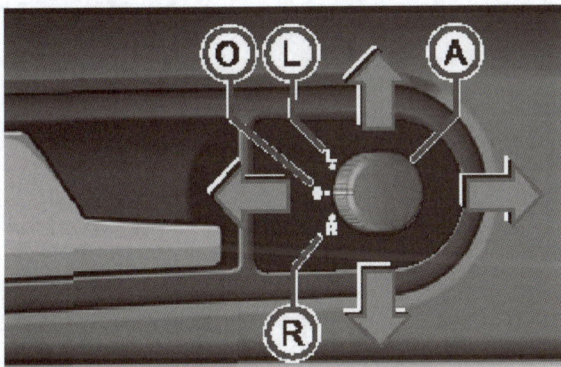

图 1-40　后视镜调节旋钮

（二）检查车后视镜

车后视镜调整的规则：水平摆中间、耳际放左边。即把远方的水平线横置于中央后视镜的中线位置，然后再左右移动，把自己右耳的影像刚好放在镜面的左边缘。这表示，在一般的驾驶情况下，从中央后视镜里是看不到自己的，而上、下位置则是把远处的地平线置于镜面中央即可，如图 1-41 所示。

图 1-41　中央后视镜

三、座椅、安全带的运作、污损检查

（一）汽车座椅使用状况检查

汽车座椅确保了驾乘人员的安全性和舒适性，是室内检查必不可少的一个项目，如图 1-42 所示。

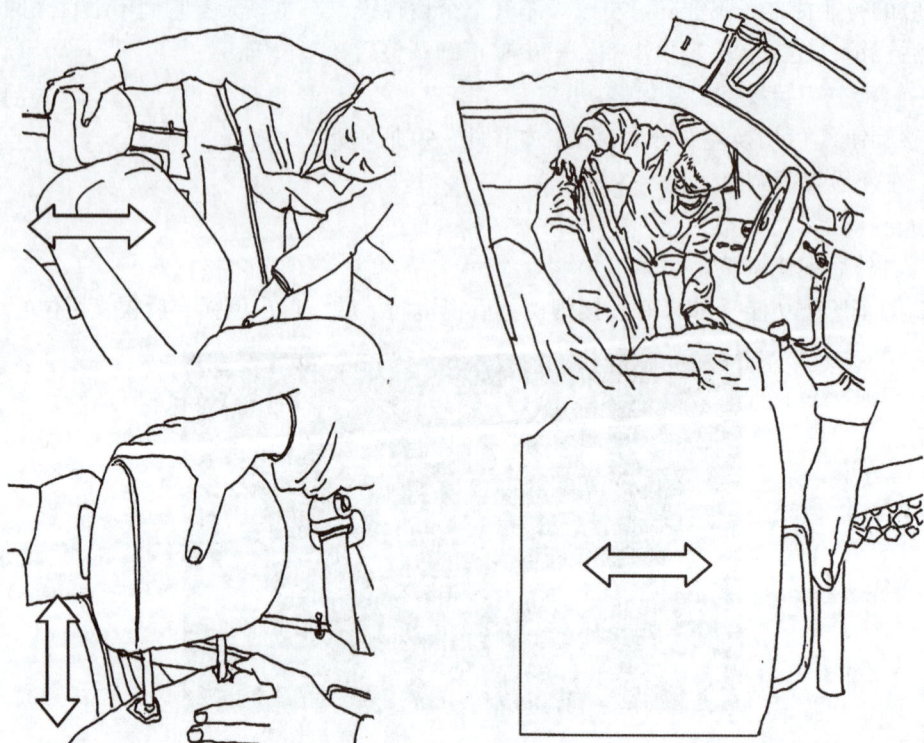

图 1-42　座椅调节

1. 座椅固定状况检查

前后搬动座椅，确认座椅底座固定状况，或通过扳手紧固固定螺栓，确认座椅底座固定状况。

2. 座椅前后滑动调整器检查

搬动座椅前后调整装置锁紧手柄，确认座椅是否能够前后调整，调整完毕后，松开锁紧手柄，座椅前后调整装置能够锁止。

3. 座椅靠背倾斜度调整器检查

搬动座椅靠背倾斜度调整器锁紧手柄，确认座椅靠背是否能够实现倾斜调整，调整完毕后，松开锁紧手柄，确认座椅靠背倾斜度调整装置已锁止。

4. 头枕上下位置调节器检查

按住头枕调整锁止按钮，上下拉动头枕，到规定位置后松开锁止按钮，确认头枕是否已被锁止。

特别提示：要检查前排和后排的所有座椅！

（二）汽车安全带使用状况检查

1. 安全带固定状况检查

检查安全带固定点螺栓是否松动，或通过扳手紧固固定螺栓，确认固定螺栓无松动，如

图 1－43 所示。

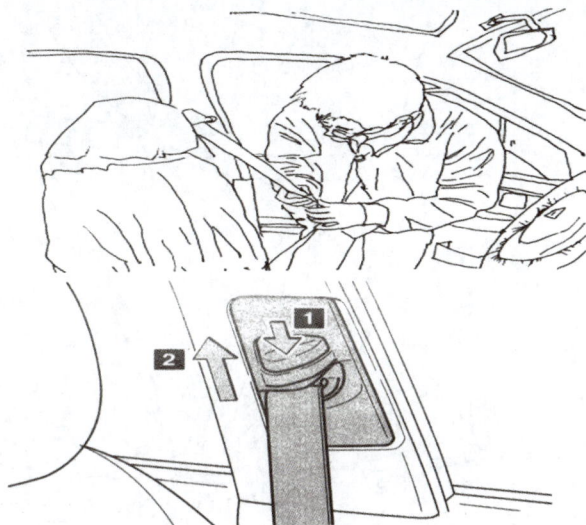

图 1－43　安全带检查

2. 安全带上支撑点调整装置检查

用手按住锁止按钮，上下调整安全带位置，确认安全带上支撑点调整装置性能可靠，如图 1－44 所示。

压下按钮

图 1－44　安全带调整

3. 安全带使用性能检查

（1）缓慢拉动安全带，安全带能被自由拉出；将安全带快速插头插入连接器，检查快速插头能否被锁住；再按下连接器上的断开按钮，快速插头应迅速脱离连接器。

（2）断开安全带快速插头后，安全带能自动收回。

（3）用手快速拉动安全带，检查前后排的所有安全带，如图1-45所示。

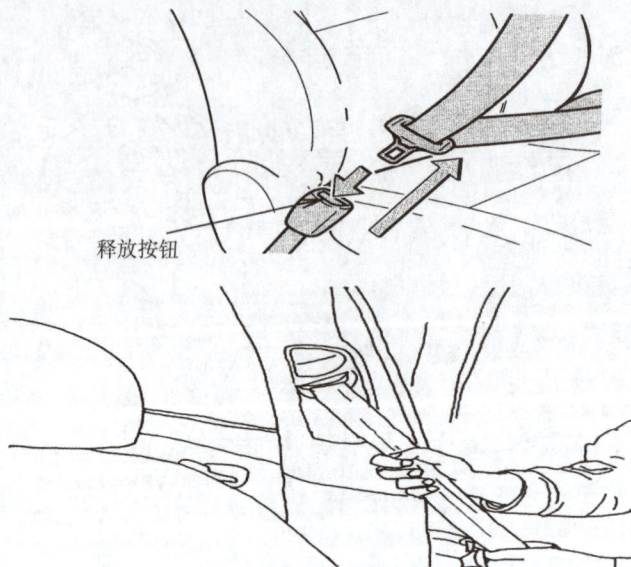

释放按钮

图1-45 安全带性能检测

🔹 **知识点**：安全带

（1）安全带属于被动安全装置，当车辆发生碰撞时，能大大降低对驾乘人员的伤害，因此，驾驶及乘坐车辆时，使用安全带是一项必要的安全保障措施。

（2）安全带有"两点式"和"三点式"两种类型，当前使用较多的是"三点式"类型。

（3）部分中高档轿车上使用了预紧限力式安全带，即当车辆发生严重碰撞事故时，安全带预紧器在安全气囊电脑的控制下，首先预紧安全带，防止驾乘人员因惯性造成身体前倾；同时为了保护驾乘人员，在安全带预紧之后，适当放松安全带，防止预紧力过度，造成身体二次伤害。

（三）污损检查

1. 全车油漆、金属表面检查

1）检查标准

（1）检查的环境要求：光线良好；

（2）检查确认金属表面平整度良好，无凹凸缺陷；

（3）检查确认车身表面的油漆无划伤、色差、漏漆、流挂、灰粒、暗影等现象。

2）检查方法

（1）近距离目视检查；

（2）在距离检查部位1m处，从正面、各个侧面等多方向目视检查。

思考：漆面典型质量问题有哪些？

仔细观察以下照片，如图1-46所示，对照实物，迅速准确地说出漆面质量问题类型。

请在此范围内选择鱼眼、针孔、起泡、水印、剥落、龟裂。

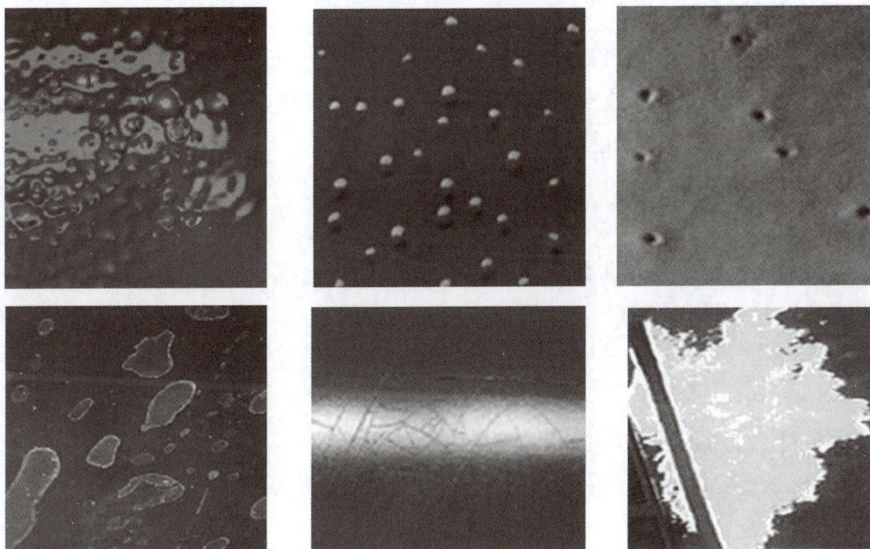

图1-46　车漆表面

2. 车身玻璃检查

1）前、后挡风玻璃

（1）检查确认玻璃表面平整，无开裂、爆眼、划伤等现象；

（2）透过玻璃看物体时，无变形的感觉；

（3）检查确认前、后挡风玻璃是否光亮，密封条配合是否牢固，有无开裂、变形、翘起等现象。

2）车窗玻璃

（1）检查四门车窗玻璃、天窗和三角窗玻璃，确定玻璃表面平整，无开裂、爆眼、划伤等现象；

（2）透过玻璃看物体时，无变形的感觉；

（3）检查确认窗框密封条无开裂、变形等现象。

3. 雨刮器刮臂及刮片检查

（1）检查确认雨刮器的刮臂没有损坏或变形；

（2）检查确认雨刮片表面平整，无损坏、变形等现象。

4. 车身饰条、密封条、装饰条板检查

1）顶部饰条

检查确认顶部饰条粘贴牢固，无翘起、破损等情况。

2）上侧梁饰条

检查确认上侧梁饰条安装牢固，与上梁配合平整，镀铬表面无脱落、划伤、凹凸点、锈蚀、起泡等情况。

3）门槛饰条

检查确认左右两侧门槛饰条安装牢固，与门槛配合平整，镀铬表面无脱落、划伤、凹凸点、锈蚀、起泡等情况。

4）车门、翼子板光亮饰条检查

确认车门、翼子板光亮饰条安装牢固，镀铬表面无脱落、划伤、凹凸点、锈蚀、起泡等情况，车门、翼子板光亮饰条过渡一致。

5）前格栅、后牌照饰板

（1）检查确认饰条安装牢固，无翘起；

（2）检查确认饰板镀铬表面无脱落、划伤、凹凸点、锈蚀、起泡等情况。

6）车门窗台外侧密封条

检查确认其表面无划伤，安装牢固，与车窗玻璃的配合无间隙，尾部位置与左前门外柱饰条平齐。

7）前后车身上的标牌、标识及 Logo

（1）检查确认前后车身上的标牌、标识及 Logo 粘贴牢固；

（2）检查确认前后车身上的标牌等清晰、正确。

8）前后门外柱饰条

检查确认前后门外柱饰条表面无划伤，与左后门外柱饰条平整度一致，上下间隙均匀。

四、发动机盖、后备厢、加油孔盖的检查

（一）发动机舱检查

打开发动机舱，检查发动机舱盖与铰链之间的连接状况（也可用扳手紧固其连接螺栓来判断是否松动），如图 1-47 所示。

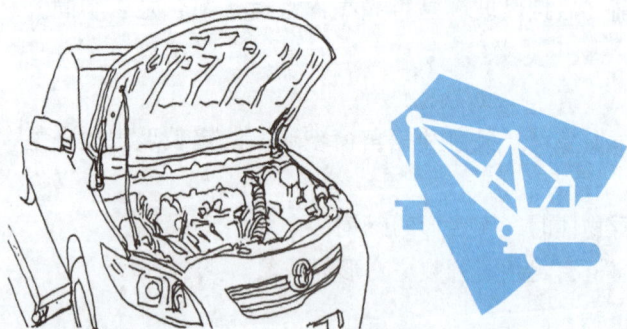

图 1-47　发动机舱盖

（二）后备厢检查

打开后备厢，检查后备厢盖与铰链之间的连接状况（也可用扳手紧固其连接螺栓来判断是否松动），如图 1-48 所示。

图 1 – 48　后备厢盖

（三）汽车油箱盖检查

油箱内外气压的平衡是确保供油系统正常工作的前提，因此油箱盖状况的检查是非常必要的，如图 1 – 49 所示。

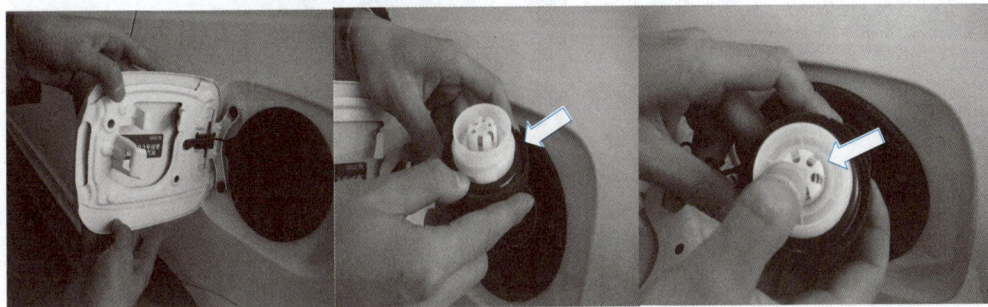

图 1 – 49　油箱盖

1. 油箱盖板连接状况检查

上下晃动油箱盖板，检查油箱盖板是否出现连接松动。

2. 油箱盖性能检查

（1）拧下油箱盖，检查油箱盖上密封垫片是否完好。

（2）检查油箱盖上真空阀是否锈蚀或堵死。

（3）将油箱盖上紧后，检查扭矩限制器是否工作正常（如发出"咔嗒"响声，且油箱盖能转动）。

> **思考**：若油箱盖上真空阀出现锈蚀或堵塞，将会出现什么情况？

五、车门检查

（一）车门铰链检查

拉动把手反复开关车门几次，检查车门铰链连接处是否松动，或通过扳手紧固车门铰链处连接螺栓来判断，如图 1 – 50 所示。

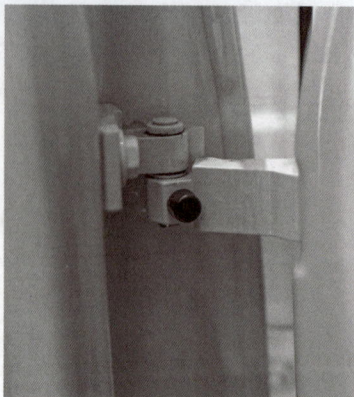

图1-50 车门铰链

（二）车门限位状况检查

将车门向外置于敞开最大位置，检查车门限位拉杆固定状况，如图1-51所示。

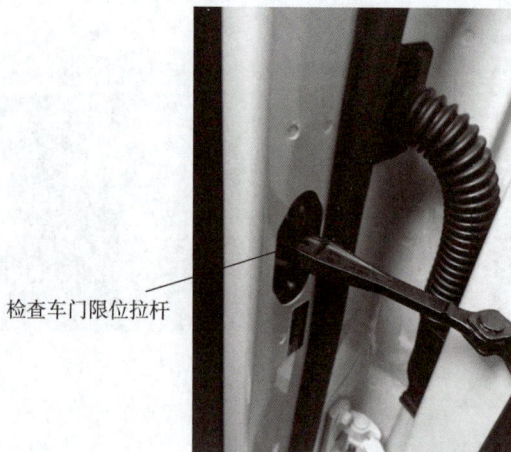

检查车门限位拉杆

图1-51 车门限位拉杆

（三）车门下坠状况检查

向上搬动车门，检查车门是否出现下坠，如图1-52所示。

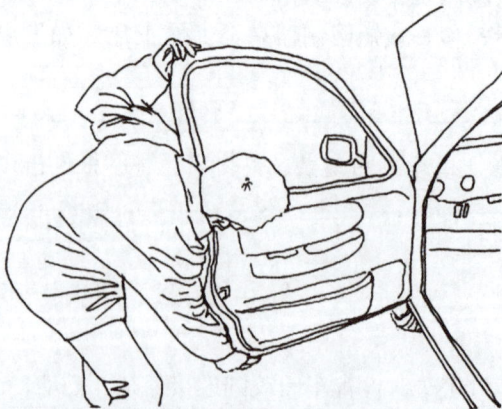

图1-52 车门下坠状况检查

（四）车门未关紧指示灯状况检查

打开车门，观察顶灯和仪表盘上车门未关紧，指示灯是否同时点亮；关紧车门，两处指示灯应同时熄灭。

（五）后排车门儿童锁检查

施加后排车门儿童锁装置，从车外能将车门打开，从室内不能将车门打开；解除儿童锁装置，从室内及室外均能打开车门，如图1-53所示。

图1-53 后排车门儿童锁

👆 **特别提示**：要检查前后所有四个车门！

六、备胎及随车工具的检查

（一）汽车备胎胎面检查

汽车是通过轮胎支撑在路面上行驶的，轮胎的使用性能直接关系到汽车行驶的安全性，因此，检查汽车轮胎非常必要。（此处备胎检查就是轮胎检查）

1. 备胎胎面磨损状况检查

（1）转动备胎一周，观察轮胎表面是否有异物嵌入，并清理；检查表面有无裂纹等损伤。

（2）轮胎表面磨损均匀程度检查，要求轮胎表面磨损均匀，无异常磨损。

2. 备胎沟槽深度检查

使用轮胎沟槽深度尺，测量轮胎沟槽深度，标准操作方法为：均匀地在轮胎表面上间隔120°处测量三个位置，每个位置测量3~4个沟槽深度，记录最小值，如图1-54所示。

3. 备胎气压检查

用轮胎气压表检查轮胎气压，若轮胎气压不正常，应调整轮胎气压到标准值，如图1-55所示。

图 1 – 54　沟槽深度检查

图 1 – 55　备胎气压检查

知识点：备胎气压要比正常使用的轮胎气压标准值高出 20% 左右。

4. 充气嘴密封性检查

拧下充气嘴保护帽，将肥皂水涂在充气嘴上，检查备胎充气嘴是否漏气，若无漏气，清洁充气嘴后，将充气嘴防护帽拧紧，如图 1 – 56 所示。

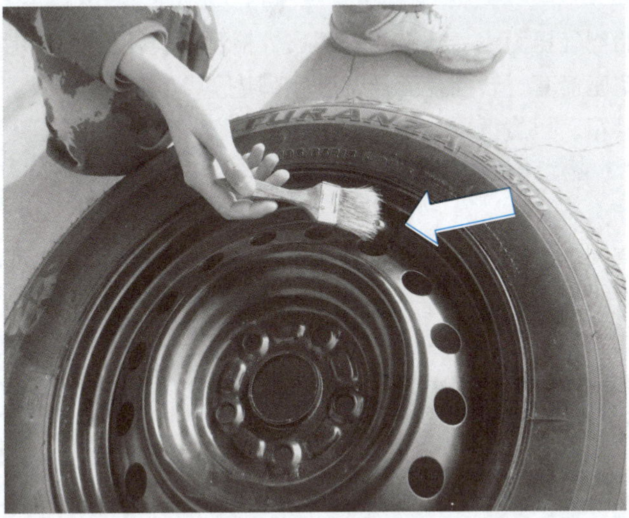

图1-56　充气嘴密封性检查

（二）轮胎钢圈内、外侧检查

检查轮胎钢圈内侧和外侧有无损坏及腐蚀以及车轮螺栓的紧固情况。

（三）随车工具的检查

检查千斤顶、专车专用的套筒、轮胎套筒以及轮胎充气泵是否齐全。

1.2.2　项目实施

本项目实施目视检查。

一、项目实施目标

（1）掌握全车用电器的操作和检查方法。

（2）掌握所有灯光、信号及其他电气开关的功能。

（3）能向客户介绍制动汽车各个部件的名称、功用及基本工作原理。

（4）能检验新车的功能，确保车辆处于最佳状态。

二、项目实施准备

（1）各种车型的新车。

（2）常用手动工具、检测仪器、轮胎空气压力表、数字式万用表（以下简称"万用表"）、保护套及维修工具等。

（3）发动机舱防护罩一套，三件套（座椅套、转向盘套、脚垫）一套。

（4）学生必须着工装，穿工鞋。

三、项目实施步骤

其内容包括检查前的准备工作、外部检查、发动机室内检查等方面。

（一）准备工作

（1）准备好轮胎空气压力表、数字式万用表等检测仪表及检测照明灯。

（2）安装驾驶室座椅套、转向盘套及驾驶室脚垫。

（3）准备好工具箱、扭力扳手、梅花扳手、套筒、橡胶软管及正版 VCD 或 DVD 等。

（二）新车交付功能检查的操作步骤及要求

1. 第一步：随车资料检查

（1）检查是否有购车发票，发票开具是否正确。

（2）检查是否有车辆合格证。

（3）检查是否有三包服务卡。

（4）检查是否有车辆使用说明书。

（5）检查是否有其他文件或附件。

（6）核对车辆铭牌是否正确。

2. 第二步：车辆外部检查

（1）清洗车辆。

用手洗方式清洗车身和室内，清洗时注意不要划伤车身、座椅。

（2）检查车身表面。

环绕汽车一周，仔细查看油漆颜色，看全车颜色是否一致，车身表面有无划痕、掉漆、开裂、起泡或锈蚀等现象；用手摸一摸，看有无修补痕迹。

（3）检查车门、后备厢或行李箱盖和油箱门的状况。

检查车门车窗是否完整，前后风窗玻璃有无损伤。车门把手开关门是否灵活、安全、可靠，门窗密封条是否损坏。车门打开后在某个限制位是否有轻微晃动现象。手动（或电动、液压）车窗玻璃操纵机构工作是否正常。

检查自动车窗升降是否稳定。要多次尝试各个车窗下降时是否会冲底。

（4）检查备胎气压/状况。

检查备胎与 4 个轮胎的充气嘴护帽是否在，检查备胎气压及固定情况。检查备胎与其他 4 个轮胎规格是否相同。

（5）检查标志与装饰条。

检查各标志、装饰条是否完好，安装是否牢靠。

（6）检查车外灯光。

查看所有车灯（前照灯、左右转向灯、紧急警告灯、制动灯、倒车灯、示宽灯、雾灯、内室灯及灯具外壳等）是否正常。特别注意倒车灯是否会常亮；加长时间测试转向灯，看是否有时候打了一直亮着，却不闪；检查室内各照明灯是否正常。

（7）检查千斤顶及随车工具的固定情况。

3. 第三步：车辆内部检查

（1）检查座椅和座椅安全带。

打开车门，检查车内座椅是否完整，座椅前、后是否可以调整；椅套是否整洁，沙发是不是真皮沙发；地面是否清洁、密封良好；安全带是否有效。

（2）车内灯的操作检查。

检查车厢灯、阅读灯、化妆镜灯、门灯等是否正常。

（3）检查各开关是否正常。

（4）检查内、外后视镜。

检查内、外后视镜是否完好，调节是否有效。

（5）检查转向盘。

用手晃动转向盘，上下不应有间隙，左右自由行程不应过大，表面手感要好，同时测试转向盘的前后调节是否好用。检查角度及高度是否正常。

（6）检查喇叭。

按一按喇叭按钮开关，检查喇叭是否响，而且应该是双响的（某些车型不具备此功能）。

（7）检查刮水器（雨刮器）。

坐进驾驶室，接通电源开关，检查前后刮水器、喷水清洁器工作是否正常，刮水器是否刮得干净。

（8）检查后窗除雾器及点烟器。

4. 第四步：发动机室检查

（1）检查蓄电池状况。

检查蓄电池端子的紧固情况，检查电解液及充电情况。

（2）检查机油及工作液液位。

检查发动机机油、自动变速器油（冷态）、散热器冷却液、风窗清洗液、制动液、离合器液、动力转向液、燃油等的液位。

（3）检查汽车有无泄漏冷却液、润滑油、制动液、电解液及制冷剂等现象。

（4）检查传动带张力。

（5）检查发动机配线的连接。

（6）检查发动机箱软管的连接。

5. 第五步：汽车底部检查

（1）检查制动系统软管和线路。

（2）检查燃油系统软管和线路。

（3）检查手动变速器油位，检查是否漏油。

（4）检查传动轴防尘罩状况。

（5）检查动力转向系统线路。

（6）检查齿条—齿轮护罩情况。

（7）检查全部转向系统紧固件。

（8）检查轮胎状况/气压。

检查调整轮胎气压，检查轮胎规格。检查防盗螺栓的接头，如果不配套，则应更换。检查轮胎有无磨损、刮痕，牙痕有无镶嵌碎石头。

（9）检查车轮螺母扭力，拧紧车轮螺母。

（10）检查减震器状况。

用手按压汽车前、后、左、右4个角，松手后跳动不多于2次，表示减震器性能良好。

6. 第六步：车辆路试检查

（1）检查组合仪表工作状况。

起动发动机，在冷起动时注意转速表指针的变化。正常情况下，指针应在 1 500r/min 左右，然后正常平顺地滑落至 750r/min 左右。然后观察各种仪表及报警装置工作是否正常，冷却液温度和机油压力是否正常。

（2）检查制动踏板、离合器踏板的高度及自由行程。

坐好后，手放在转向盘上，左脚踩离合器踏板，应感觉轻松自如，并有一小段自由行程；右脚踩下制动踏板不放，其应保持一定高度，若其缓慢下移，则表示制动系统有泄漏现象。

（3）检查在正常工作温度下发动机工作情况。

要通过对发动机的声音和反应进行检查，首先听怠速的声音，应该是平稳而且连续的，不应该有金属敲击声和其他异响；下车观察排气管排烟是否正常，将手伸到排气口，感觉一下排气是否连续，正常的应该使掌心有点潮湿但不应有机油味，然后听一听慢加油的发动机声音是否连续和有无异响，最后听急加速的声音和发动机对节气门的反应是否准确和迅速，还要注意慢收油和快收油时发动机的反应是否干净，不应有滞后或者高速哨音，感觉放松加速踏板时怠速是否稳定；原地静止时，发动机转速达到 3 500r/min 时是否会有不同的轰鸣声。

（4）检查汽车的行驶性能及操纵性。

试车时遇上下立交桥可感觉一下加速和动力情况；通过加、减挡位，轻打转向盘，感觉转向系统是否正常；正常行驶时，方向应不跑偏，能自动维持直线行驶，转弯后可以基本自行回正（90%）；车辆掉头，左右转向打到极限时，车轮应无异响。

（5）检查离合器、变速器的工作情况。

特别是高速挡位在 2 000r/min 时，入挡应该非常轻松而且准确。

（6）检查行车及驻车制动器的工作情况。

高速制动应该反应强烈且不跑偏，一般制动应该柔和而准确。

（7）检查转向机构的工作情况。

可以在行驶中检查转向系统反应是否准确和灵敏，用最小的转向半径调头，听听是否有摩擦的声音，并检查左右的转向角，助力转向打到最大转向角后应该回一点，避免长时间打开助力泵最大角造成助力泵烧毁。

（8）检查暖风及空调工作情况。

（9）检查音响系统工作情况。

（10）检查自动变速器液位（热态检查）。

（11）寻找异常噪声与振动。

空挡点火后，加大节气门开度，使发动机转速达到满刻度的 2/3，在室外听是否有杂音及共振。

7. 第七步：最终检查

（1）拆除多余的标签，清洗车辆。

（2）清点随车工具和附件是否齐全。

（3）检查交付客户的所有相关资料是否齐全。清点检查发票、出厂证、保险单、保修单、说明书、使用手册、保修手册等是否齐全、正确。

1.2.3　知识能力拓展

随着人们生活水平的提高，汽车正在走进千家万户。驾驶私家车的新人越来越多，许多首次购车的消费者都有汽车保养方面的困惑，对于首次保养究竟该怎么养，哪些部位需要重点保养等事情都不太清楚。为此，本节以知识拓展方式介绍了新车需要重点保养的一些部位，可以说汽车的保养之路从买回家就开始了。

1. 重点保养之一：汽车的"皮肤"——漆面

皮肤是我们日常保养中很重要的部分，汽车也一样，新车漆面虽无老化问题，但从出厂到运输至停车场，车表漆就已经接触了空气，受到风沙的侵袭，因此及时正确地保养，能使爱车永葆青春。

养护方法：给新爱车"洗澡"绝不能马虎，如清洗不当，会损伤外层的亮油部分，导致爱车的皮肤"黯淡无光"。最好选用中性温和的清洗剂，把车漆表面的沙粒、污物清除干净。有些污物是肉眼看不出来的，像漆、树胶等化学成分的污染，必须用专用去污剂一点点地擦拭。最后在轮胎、保险杠、轮眉等部位涂上相应的保护剂，以防老化。

2. 重点保养之二：汽车的"心脏"——发动机

在驾驶新车时，可以将发动机保持在空转状态，听一听是否有异样的声音或者振动。如果汽车发动机运转的问题久拖不治，会加速磨损，增高耗油率，缩短寿命，最终导致大修。

养护方法：保护汽车"心脏"的最好方法，就是在新车磨合期间，尽量避免紧急加速或者减速，以便减轻汽车发动机传动系统装置的负荷。有些比较认真和谨慎的新车主在汽车行驶1 000km后，就主动把汽车送去维修和保养，这时的保养通常是免费的，而且可以及时避免许多潜在的毛病。如此一举两得的好事千万别错过。

3. 重点保养之三：汽车的"眼睛"——车灯

新手驾车最要紧的就是心明眼亮，如果爱车"眼神"不好，不仅会影响到行车的舒适性，还直接关系到行车的安全性。所以，及时维护车外灯具对驾驶者至关重要。

养护方法：通常在得到提醒之前，车主很难意识到前照灯、尾灯、转向灯或驻车灯是否在正常工作。

首先，要进行前照灯光照方向的校准，为了确保驾驶者行车的安全，前照灯必须能够为行驶车辆提供良好的前向照明。

其次，要仔细检查其他灯系，如转向灯、车牌照明灯、示宽灯、倒车灯及制动灯等。

4. 重点保养之四：汽车的"足部"——轮胎

新买的汽车需要磨合，目的是让机体各部件适应环境的能力得以调整提升。汽车磨合的优劣，会对汽车寿命、安全性和经济性产生重要影响，在这个过程中，轮胎的保养十分重要。

养护方法：新车磨合时，胎压应该是正常值，不正常的胎压会对新车产生一定的不良影响，而且很危险。如果不凭借气压表测量胎压，车主是很难准确目测的，一定要到4S店或者正规的轮胎店接受服务。

1.2.4 学习任务单

任务名称	全车用电器检查		学生姓名			
实训场地			学时		组号	
班级			日期		综合成绩	
任务目标	1. 能够明确全车用电器保养检查的内容； 2. 能够熟练配合完成二人灯光检车的操作方法和手势； 3. 能够掌握全车用电器的操作和检查方法。					

一、资讯

1. 全车用电器检查都有哪些工作内容？

2. 车辆前部灯光包括哪些内容？

3. 车辆后部灯光包括哪些内容？

4. 检查车辆外部灯光的手势有哪些？

二、计划和决策

请根据任务要求，确定所需要的设备器材和工具，并对小组成员进行合理分工，制订详细的作业计划。

1. 需要的工具和设备。

2. 小组成员分工（在练习中每位学生应充当不同任务的角色，并互换），如表 1－4 所示。

表 1 - 4　人员分工

组长					
组员					
主操作	辅操作	工具管理	记录	安全监督	5S 监督

3. 根据小组成员分工情况，制订实施计划，明确完成时间，如表 1 - 5 所示。

表 1 - 5　实施计划

制订实施计划	明确完成时间

4. 作业中的安全注意事项。

三、实施

1. 车辆外部灯光检查及双人手势。

根据计划内容，两人一组完成车辆外部灯光检查工作，并将检查结果填入表 1 - 6 中。

表 1-6　灯光检查项目单

检查顺序	检查项目		检查结果（是否良好）	检查顺序	检查项目		检查结果（是否良好）
1	前示宽灯	左		9	后驻车灯	左	
		右				右	
2	前近光灯	左		10	后示宽灯	左	
		右				右	
3	前远光灯	左		11	后雾灯	左	
		右				右	
4	前雾灯	左		12	后转向灯	左	
		右				右	
5	前转向灯	左		13	后安全警告灯	左	
		右				右	
6	侧边转向灯	左		14	后刹车灯	左	
		右				右	
						高位	
7	前安全警告灯	左		15	后倒车灯	左	
		右				右	
8	前驻车灯	左		16	后牌照灯	左	
		右				右	

2. 车辆内部电器及其他部件检查。

根据计划内容对实践车辆进行电控系统检查，并将检查结果填入表 1-7 中。

表 1-7　车内电器检查项目单

车辆内部灯光检查					
检查项目	检查结果	检查项目	检查结果	检查项目	检查结果
仪表灯光亮度调节		车顶阅读灯	前	储物盒灯光	
			后	后备厢灯光	
其他项目检查					
检查项目	检查结果				
空调系统	出风口模式		循环模式		
	出风口温度				
CD 机/收音机	CD 机/磁带		音量调节		
	收音机		其他按键		
雨刮器	挡位检查		喷水功能		
喇叭	高音		低音		

3. 其他部件检查。

（1）对实践车辆进行车身检查，将检查结果填入表1-8中，并将具体内容填写在备注栏中。

表1-8　车身检查项目单

检查项目		检查情况	备注
车身检查	凹陷	有□/无□	
	刮痕	有□/无□	
	车漆剥落	有□/无□	
	铁锈	有□/无□	
玻璃裂纹		有□/无□	
轮毂		有□/无□	

（2）对实践车辆进行车身附件检查，并将检查结果填入表1-9中。

表1-9　车身附件检查项目单

检查维护		检查情况	处理措施	备注
车锁检查	左前	正常□/卡滞□/其他□	已维护□/无须维护□	
	左后	正常□/卡滞□/其他□	已维护□/无须维护□	
	右前	正常□/卡滞□/其他□	已维护□/无须维护□	
	右后	正常□/卡滞□/其他□	已维护□/无须维护□	
后备厢锁		正常□/卡滞□/其他□	已维护□/无须维护□	
机舱锁		正常□/卡滞□/其他□	已维护□/无须维护□	
油箱锁		正常□/卡滞□/其他□	已维护□/无须维护□	
限位器		正常□/不能限位□	已维护□/无须维护□	
合页		正常□/松动□/锈蚀□	已维护□/无须维护□	
座椅调节		正常□/卡滞□	已维护□/无须维护□	
安全带		正常□/不能有效锁止□	已维护□/无须维护□	

四、检查

1. 小组成员是否人人都能作业；
2. 小组成员是否人人都能按照规范作业；
3. 小组成员是否分工合作；
4. 小组成员是否人人都有安全意识。

五、评价

1. 根据小组完成任务的情况，对自己所做的工作进行评价，并提出改进意见。

2. 教师对学生工作情况进行点评。

3. 综合评定（见表1-10）。

表1-10　综合评定

小组自评 （30%）	小组互评 （30%）	教师评定 （40%）	综合成绩	备注

工作任务3　发动机舱检查

学习目标

1. 明确发动机舱内部检查项目和技术要求。
2. 熟练按照检查项目的要求规范操作。
3. 熟练使用相应工具，根据项目要求完成工作内容。
4. 能够对检查结果进行初步判断。
5. 能够通过各种方式查阅资料。
6. 掌握发动机舱各油液的作用。
7. 能正确使用万用表。
8. 掌握蓄电池检查方法，能正确判断蓄电池是否正常。
9. 掌握发动机舱的部件、各油液加注口及油液位的检查方法。

10. 具有团队精神和协作精神。

11. 具有良好的心理素质和克服困难的能力。

学习要求

能力目标	知识要点	权重/%
明确发动机舱内部检查项目和技术要求	发动机舱内需要检查的油液； 发动机舱内油液检查的内容	40
能正确使用万用表及冰点仪	万用表及冰点仪操作方法	20
能识别发动机舱各油液位的名称及作用	发动机舱各油液位的名称及作用	20
能正确判断蓄电池是否正常	检查蓄电池的方法，判断蓄电池是否正常的方法	20

引例

顾客王先生选定丰田卡罗拉和威驰两辆车型，预约三天后来提车，维修技师需根据丰田汽车售车检查卡在三天内对该款车进行车辆交付前的外观、性能等检查。维修技师必须准备相关的工具和表格，按照工作流程和相应的表格内容在今天（一天之内）完成新车交车检查中的发动机舱检查。

1.3.1　相关知识

发动机舱检查是新车检查中的必检项目，关系到发动机能否正常工作。因此，发动机舱检查必须认真、仔细。

发动机舱检查包括的内容如下：

油液位检查

一、油液位检查

发动机舱检查的油液项目有发动机冷却液、发动机机油、发动机舱内的制动液、风窗玻璃清洁液、转向助力液，主要检查各种油液的液位（液面）。如发动机冷却液液位、发动机机油液位、制动液液位、风窗玻璃清洗液液位、转向助力液液位。

（一）发动机冷却液的检查

1. 发动机冷却液的作用

其作用有防冻、防沸、防腐蚀、防锈、防污垢，冷却发动机，使发动机保持正常工作温度。

如果发动机冷却液缺少，短时间运行发动机以后，指示灯会报警；如果冷却液温度过高，容易造成发动机高温，活塞膨胀量加大，在气缸里拉伤活塞或气缸壁，同时还会使气缸直接与活塞抱死、曲轴轴承拉伤或抱死无法旋转等，导致严重的机械事故。

缺少冷却液的主要原因有散热器泄漏，冷却水管泄漏，膨胀水箱泄漏，水泵损坏或泄漏，发动机气缸垫损坏等。

2. 检查冷却液液面

通过冷却液储液罐上的刻度线检查，要求冷却液液面在上下刻度线之间，若冷却液液面过低，应添加冷却液，如图 1 – 57 所示。

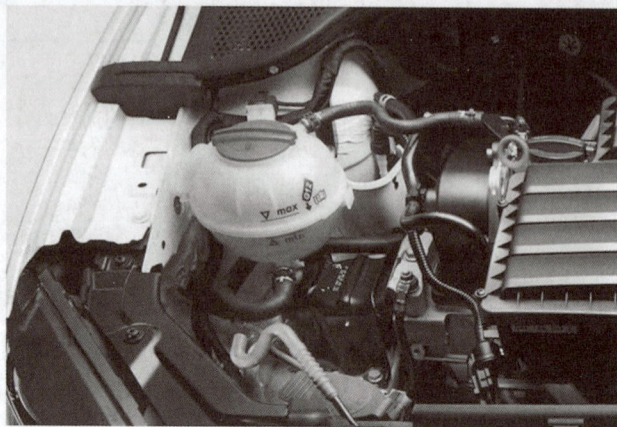

图 1 – 57　冷却液

3. 操作要点

当添加冷却液需打开储液罐盖时，一定要注意操作规范，确认发动机是否处于热态，将厚的垫布置于储液罐盖上，用手压紧垫布，先顺时针拧松储液罐盖45°，放出冷却系统内部的热气，等气体完全放出时，再旋转45°，将储液罐盖拧下。

思考：若直接将储液罐盖打开，会造成什么后果？

知识点：冷却液

1. 冷却液的成分

冷却液的主要成分为乙二醇和蒸馏水的混合液，有红色和绿色两种，均为长效冷却液。若使用过期冷却液，其内部的防锈成分会降低，散热器、管道、软管等会被损坏。

2. 冷却液的主要指标

冷却液的主要指标是结冰点（以下简称冰点），有 – 25℃、– 30℃、– 35℃、– 40℃、– 45℃、– 50℃六种型号，维修技师可根据车辆使用地区的最低温度，通过添加蒸馏水来调整冷却液的冰点，浓度越高，其冰点越低。

3. 更换周期

每40 000km 或两年更换一组。

（二）发动机机油的检查

1. 发动机机油的作用

其作用主要是润滑、冷却、清洗、密封、防锈防腐蚀、降低机械磨损，当发动机缺少机油时，仪表板机油警告灯闪亮，发动机运转噪声增大，动力明显下降，如果继续行驶，发动机可能会报废。各润滑表面因缺少润滑而导致无法正常运转，发生凸轮轴、曲轴卡死等机械事故，如图 1-58 所示。

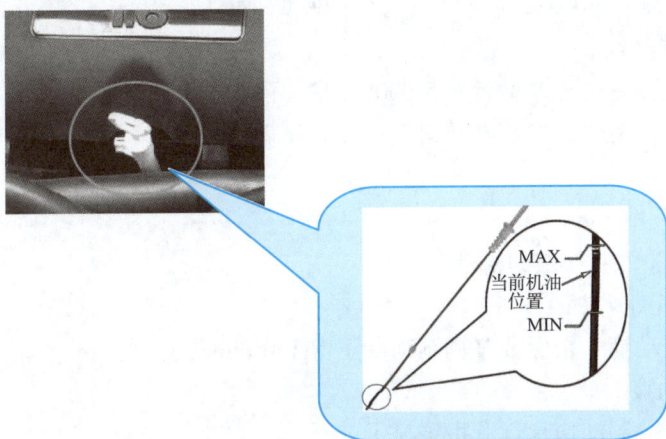

图 1-58　发动机机油

发动机机油缺少的原因主要有各配合表面漏油、油封漏油、排放塞漏油、机油滤清器漏油，以及因为缸套活塞配合间隙过大和气门油封漏油导致的发动机烧机油等。

2. 发动机机油液面检查

拔出机油尺，清洁干净，然后再插入，抽出机油尺，确认机油液面高度是否符合标准。

> **思考：** 发动机机油液面高度检查必须在发动机停止运行后 10 分钟以上进行，为什么？

3. 发动机机油质量检查

将机油涂在手上，观察颜色，判断是否变质，有无混入水分、金属屑等异物。同时，嗅一嗅机油的气味，判断机油是否被发动机曲轴箱内的废气污染。

> **知识点：** 发动机机油
>
> 1. 机油的分类和标准
>
> 机油主要有汽油机机油和柴油机机油两种类型。使用等级标准是按照 API（美国石油学会）分类的，黏度等级标准是按照 SAE（美国汽车工程师协会）来划分的。
>
> 2. 机油使用等级分类（API）
>
> （1）汽油机机油型号由低至高为：SF、SG、SH、SJ、SL、SM、SN。
>
> （2）柴油机机油型号由低至高为：CA、CB、CC、CD、CE。
>
> 3. 机油黏度等级分类（SAE）
>
> （1）单级黏度机油：分为冬季机油（W 级）和非冬季机油，有 0W、5W、15W、20W、25W、20、30、40、50、60 等级别，从左到右，适应的环境温度越高。
>
> （2）多级黏度机油：目前不论是汽油机机油还是柴油机机油，使用的都是多级黏

度机油，即一年四季通用型，如5W/40，该机油使用的最低环境温度不低于-30℃，最高环境温度不高于40℃，即环境温度在-30℃~40℃。

4. 机油更换周期

普通级别机油一般为车辆行驶5 000km或间隔6个月更换一次，不同车型规定使用机油的型号不同，同一类车型有相同的机油更换周期，因此，要依照生产厂家规定的保养周期为准。

（三）发动机舱内制动液的检查

1. 发动机舱内制动液的作用

确保足够的制动液，是保证车辆制动器正常工作的前提。

（1）缺少制动液？

发动机仪表板的制动指示灯有报警显示。

（2）缺少制动液会有什么后果出现？

制动力会减弱甚至没有，会导致极端危险的情况，例如行驶时不能减速等。

（3）缺少制动液的主要原因有制动总泵泄漏、制动管路和软管泄漏、制动分泵泄漏、放气螺塞泄漏等。

2. 制动液液面检查

通过制动液储液罐上的刻度尺检查，要求制动液液面在上下线之间，若制动液面过低，应添加符合该车规定型号的制动液补充，同时检查制动液盖上通风孔是否堵塞，如图1-59所示。

确定制动液的位置后，检查制动液面的高度是否处于两条液位线之间，如果没有在正常的范围之内，请进行调整。

图1-59 制动液

知识点：制动液

1. 制动液型号

有醇型、矿油型、合成型三种类型。目前，汽车使用的制动液均为合成型制动液。

2. 制动液吸湿性

制动液能够吸收空气中的水分，从而使沸点降低，当制动产生热量时，制动液沸腾，使制动管路内的制动液产生气阻，吸收了施加在制动分泵上的液体制动力，总体上使车辆制动性能降低。制动液中的水分还会在制动分泵上产生锈蚀，使制动液在密封圈处泄漏。

3. 检查/更换周期

每行驶 10 000km 或 6 个月检查一次。

每行驶 40 000km 或两年更换一次。

（四）风窗玻璃清洗液的检查

1. 风窗玻璃清洗液的作用

其作用是用来清洁风窗玻璃上面的污物和杂质。

如果缺少风窗玻璃清洗液，喷水电机将空转，引起电机烧坏，使刮水片与玻璃间发生干摩擦，缩短刮水片的寿命，风窗玻璃也会由于干摩擦减弱透明度。

特别提示：请勿使用风窗玻璃清洗液以外的液体代替清洗液。否则会导致挡风玻璃出现流挂现象。必要时，用水稀释风窗玻璃清洗液。

2. 风窗玻璃清洗液液面检查

（1）通过风窗玻璃清洗液灌内的标尺检查。

（2）通过风窗玻璃清洗液灌上的刻度线检查，若风窗玻璃清洗液液面过低，应添加风窗玻璃清洗液，如图 1-60 所示。

图 1-60 风窗玻璃清洗液

风窗玻璃清洗液俗称玻璃水，简称玻璃清洗液或清洗液，属于汽车使用中的易耗品，为浅蓝色液体，是水、酒精、除虫胶清洁剂、防冻剂等成分的混合液，目前使用的型号以长效防冻型为主，冬季不结冰，确保一年四季可以使用，因此，玻璃清洗液的主要指标是冰点。当你感觉到前挡风玻璃上有灰尘、飞虫残留物等，影响挡风玻璃的透明度时，就需要操作洗涤装置，喷一喷玻璃水，让前挡风玻璃处于最佳的透明状态。

（五）转向助力液的检查

转向助力液是汽车助力转向泵里面用的一种特殊液体，通过液压作用，可以使方向盘变得非常轻巧，与自动变速器油液、制动油液以及减震油液类似，如图 1－61 所示。

1. 转向助力液的作用

当汽车转弯时，转向助力器会产生很高的油压，这种压力通过转向助力液传送到助力机中，从而起到助力作用，同时也对助力机起到润滑作用。

2. 转向助力液液面检查

检查转向助力液液面位置是否在 MAX 与 MIN 之间，如果在 MAX 与 MIN 之间，高度就是合适的。

二、蓄电池电压的检查

1. 蓄电池的作用

蓄电池的作用是：车辆起动时，给起动机供电，当发电机过载时，向其他电器设备供电，同时还具有储存电能的作用等。

2. 蓄电池电压的检查

蓄电池电压测量应该在断开蓄电池电极与汽车用电器连接后进行检查。蓄电池电压不应低于 14.7V。

图 1－61　转向助力液

1.3.2　项目实施

本项目实施发动机舱油液和蓄电池的检查。

一、项目实施目标

（1）能正确使用万用表。

（2）掌握蓄电池检查的方法，能正确判断蓄电池是否正常。

（3）掌握发动机舱的部件、各油液加注口及油液位检查方法。

二、项目实施准备

（1）常用手动工具、数字式万用表、手电筒及维修工具等。

（2）发动机舱防护罩一套，三件套（座椅套、转向盘套、脚垫）一套。

（3）学生必须着工装，穿工鞋。

三、项目实施步骤

（一）准备工作

准备好发动机各油液管路检查需要用的工具。手电筒如图 1 - 62 所示，手套、抹布如图 1 - 63 所示。

图 1 - 62　手电筒

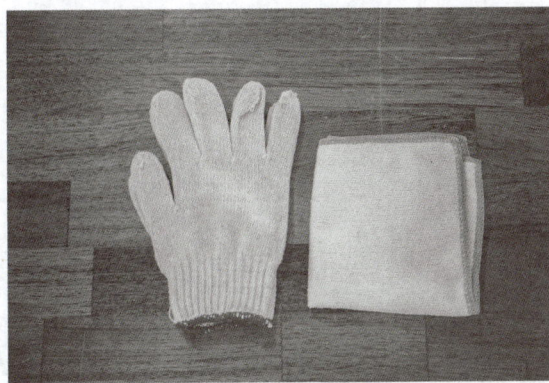

图 1 - 63　手套、抹布

（二）技术要求与注意事项

（1）在操作开始前，检查所有的设备并准备好工具。

（2）检查发动机油液位时禁止发动机处在运转状态。

（3）检查蓄电池时禁止双手同时接触端子，如端子有腐蚀现象，禁止用手直接触摸，必须先清洁干净。

（三）操作步骤

提示：检查发动机各油液位时，必须将发动机舱盖打开，同时要安放前格栅布及翼子板。

1. 检查发动机机油液位

第一步：从工具车上取出一块抹布，拔出机油尺，将油尺擦干净，做好检查的准备，如图1-64所示。

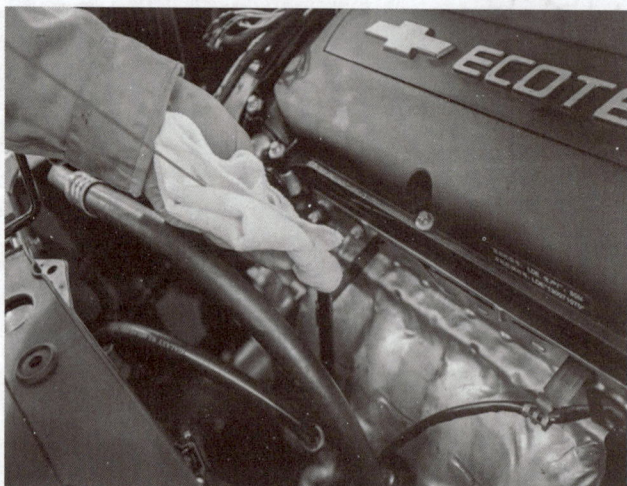

图1-64　检查机油液位①

特别提示：机油不能滴落。

第二步：将擦干净的机油尺再次插入机油导管中，如图1-65所示。

图1-65　检查机油液位②

特别提示：机油尺要放到底。

第三步：拔出机油尺，检查发动机的机油是否在两个刻度线中间（少于二分之一需添加），确认机油液位正常；如果不足，则加到正常刻度，检查完将机油尺插回发动机中，如图1-66所示。

图1-66　检查机油液位③

特别提示：机油尺必须正反面检查或将机油尺旋转180°后，拉出检查。机油尺角度呈45°。

2. 检查冷却液液位

冷却液应在标准位置上下刻度线中间（上刻度在回水管接头下方，下刻度在焊接处），如图1-67所示。

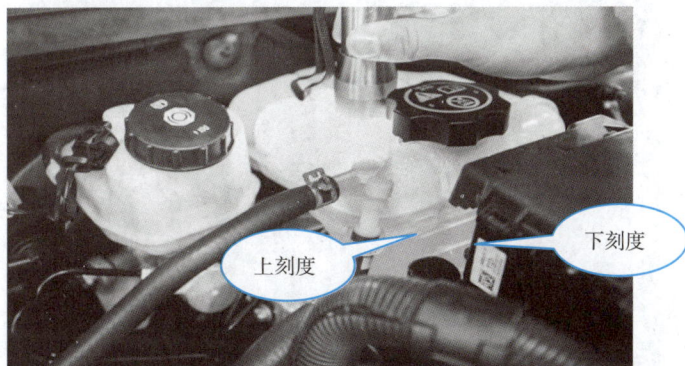

上刻度　　下刻度

图1-67　检查冷却液液位

> 📱 **特别提示**：图1-67中的冷却液呈红色，禁止在高温时开启冷却液盖，开启时需泄压。检查时需照明。

3. 检查制动液液位

标准位置应在上下刻度线中间，如图1-68所示。

图1-68 检查制动液液位

> 📱 **特别提示**：图1-68中的制动液呈淡黄色，需照明。

4. 检查喷洗器

用灯照明能看到液位即可。

5. 检查蓄电池

第一步：目视检查蓄电池端子是否腐蚀，如图1-69所示。

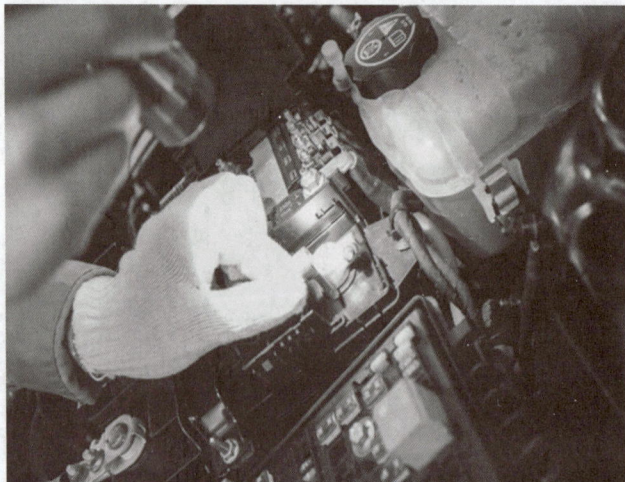

图1-69 检查蓄电池①

> 📱 **特别提示**：检查时，可戴手套，如端子处有腐蚀，禁止用手直接触摸。

第二步：用手来回旋转蓄电池端子，看是否松动，晃动蓄电池壳，检查安装是否可靠，如图 1 − 70 所示。

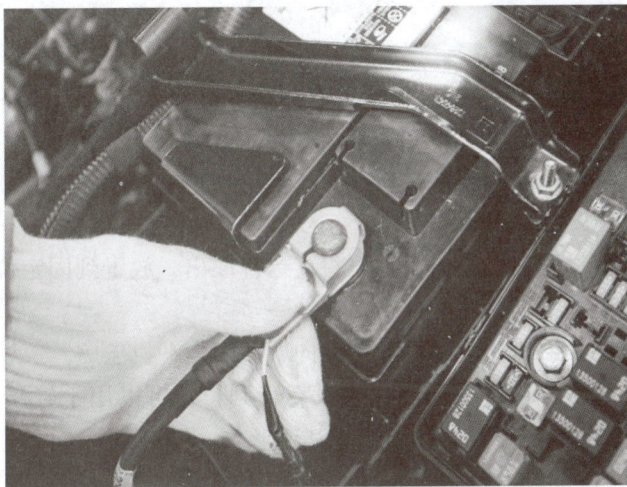

图 1 − 70 检查蓄电池②

> 📱 **特别提示**：禁止双手同时接触正负极端子。

第三步：用万用表测量蓄电池的静态电压，如图 1 − 71 所示。

图 1 − 71 检查蓄电池③

> 💡 **特别提示**：正反不能接错，需先接正表笔，再接负表笔。测量时选择直流电压。

6. 拆除翼子板布和前格栅布

同安装相反。

> 💡 **特别提示**：拉起来的时候，其中一端用手按住，以免造成掉落的危险；在归位时一定要放平整，以方便下次使用时的拿放。

7. 关闭发动机舱盖

第一步：向上轻抬起发动机舱盖后，再将支撑杆取出，放置到固定位置。

注意：右手托发动机舱盖，左手取支撑杆。

第二步：在适合处双手离开发动机舱盖，向下关闭发动机舱盖。

注意：操作要规范，防止手受伤。如果没有盖到位，可以用手轻压发动机舱盖（按压部位为受力筋处），一定不要用大力，以防止其变形。

1.3.3　知识能力拓展

（1）根据需要选用适当等级的润滑油。对于汽油发动机，应根据进排气系统的附加装置和使用条件选用SG—SN级汽油机机油；对于柴油发动机，则要根据机械负荷选用CB—CD级柴油机机油，选用标准以不低于生产厂家规定的要求为准。发动机机油一般5 000km或3个月更换一次，以优先达到者为准。

（2）冷却液用来替代普通自来水，它的沸点较高，一般在120℃左右，而冰点则可达到−40℃～−60℃，可以有效防止车辆开锅，并且在冬季可防止结冰，具有防冻、防沸、防腐蚀、防锈、防污垢的作用，使发动机保持正常的工作温度。冷却液一般40 000km或两年更换一次，以优先达到者为准。

（3）常温下蓄电池的电解液是标准比重值为$1.25\sim1.28\text{g/cm}^3$的稀硫酸。它的主要作用是作为正负极的电化学反应的媒介，传导电流。蓄电池静态电压一般在12.2V左右。一般蓄电池使用寿命为3年左右。

（4）检查制动液液位是为了确保制动系统能够正常运行。制动液更换期限一般为40 000km或两年，以优先达到者为准。

1.3.4　学习任务单

任务名称	发动机舱的检查与维护	学生姓名		
实训场地		学时		组号
班级		日期		综合成绩

任务目标	1. 明确发动机舱内部检查项目和技术要求； 2. 熟练按照检查项目的操作规范和操作步骤进行维护与保养； 3. 熟练使用相应工具，根据项目要求完成工作内容； 4. 能够对检查结果进行初步判断。

一、资讯

1. 准备工作及发动机舱内的清洁有哪些？

2. 油液检查的内容及方法有哪些？

3. 皮带检查的内容及方法有哪些？

4. 发动机舱内电器检查的内容及方法有哪些？

二、计划和决策

请根据任务要求，确定所需要的设备器材和工具，并对小组成员进行合理分工，制订详细的作业计划。

1. 需要的工具和设备。

2. 小组成员分工（在练习中每位学生应充当不同任务的角色，并互换），如表 1 – 11 所示。

表 1 – 11　人员分工

组长					
组员					
主操作	辅操作	工具管理	记录	安全监督	5S 监督

3. 根据小组成员分工情况，制订实施计划，明确完成时间，如表 1 – 12 所示。

表 1 – 12　实施计划

制订实施计划	明确完成时间

4. 作业中的安全注意事项。

三、实施

1. 油液位及泄漏检查。

对发动机舱内各种油液位及质量进行检查，并将检查结果填入表 1 – 13 中。

表 1 – 13　发动机舱内各种油液位及质量检查项目单

检查项目	检查内容	检查结果	备注
发动机冷却液	液位检查		
	冰点温度	_____℃	
	颜色或状态		
发动机机油	液位检查		
	颜色或状态		
制动液	液位检查		
	颜色或状态		
转向助力液	液位检查		
	颜色或状态		
风窗玻璃清洗液	液位检查		
	冰点温度	_____℃	

2. 发动机舱内蓄电池检查。

检查蓄电池电压，并将检查结果填入表1－14中。

表1－14　发动机舱内蓄电池检查项目单

项目类型	检查结果	采取措施	备注
蓄电池电压			
蓄电池电极			

四、检查

1. 小组成员是否人人都能作业；
2. 小组成员是否人人都能按照规范作业；
3. 小组成员是否分工合作；
4. 小组成员是否人人都有安全意识。

五、评价

1. 根据小组完成任务的情况，对自己所做的工作进行评价，并提出改进意见。

2. 教师对学生工作情况进行点评。

3. 综合评定（见表1－15）。

表1－15　综合评定

小组自评 （30%）	小组互评 （30%）	教师评定 （40%）	综合成绩	备注

项目二
7 500km 保养（首保）

　　本项目主要介绍了汽车发动机机油的维护与保养，冷却液、风窗玻璃清洗液的维护与保养、底盘的维护与保养。

　　通过本单元的学习，学生要了解汽车 7 500km 保养的项目，能够完成汽车 7 500km 保养的操作，毕业以后能够适应相应的职业岗位。

工作任务 1　发动机机油的维护与保养

学习目标

1. 掌握单人更换发动机机油的操作项目。
2. 能够详细跟客户阐述轿车保养的重要性、保养的分类和轿车日常使用注意事项。
3. 能够正确选用合适的发动机机油。
4. 具有团队精神和协作精神。
5. 具有良好的心理素质和克服困难的能力。
6. 具有承担责任的意识。

学习要求

能力目标	知识要点	权重/%
能够熟练更换发动机机油及滤清器	发动机机油及滤清器的更换步骤	40
能够熟练检查发动机机油	发动机机油检查的步骤	30
能够正确地选择发动机机油	发动机机油的选择方法	30

引例

有一辆一汽－大众捷达轿车，行驶里程达 7 500km，最近客户来到 4S 店进行保养。需要维修技师对该车进行首次维护与保养。

2.1.1　相关知识

一、发动机机油

发动机机油的主要作用是润滑、防磨，所以，发动机机油又叫发动机润滑油。除此之外，发动机机油还能起到冷却降温、清洁、密封、防锈等作用。

新车自购买之日起，行驶到 7 500km 左右时，发动机机油的质量将急剧下降，从而影响发动机的使用性能和使用寿命。

二、发动机机油的检查

（一）发动机机油液位的检查

在发动机热车并停机 30 分钟后，汽车处于水平位置，打开引擎盖，取出机油尺并用布擦拭干净后复位，再次取出机油尺检查液位。如图 2－1 和图 2－2 所示。

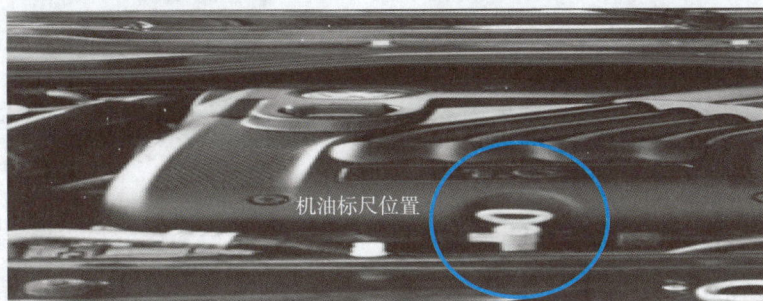

图 2－1　机油尺在发动机中的位置

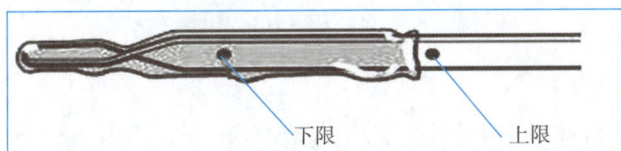

图 2－2　机油量的正确液位

（二）发动机机油黏度的检查

发动机在长时间使用后，机油的黏度将会发生变化，机油黏度下降会影响机油的质量，对发动机的润滑、冷却、防腐、密封等功能造成伤害，从而严重影响发动机的使用性能和使用寿命。因此，必须及时更换发动机机油。

1. 机油的黏度

冬季用机油标号（或称型号或牌号）分别为 0W、5W、10W、15W、20W、25W，符号 W 代表冬季 Winter（冬天）的缩写，W 前的数字越小，低温黏度越小，低温流动性越好，适用的最低气温越低；夏季用机油标号分别为 20、30、40、50，数字越大，其黏度越大，适用的最高气温越高。冬夏通用机油标号分别为 5W/20、5W/30、5W/40、5W/50、10W/20 等①，如图 2－3 和图 2－4 所示。

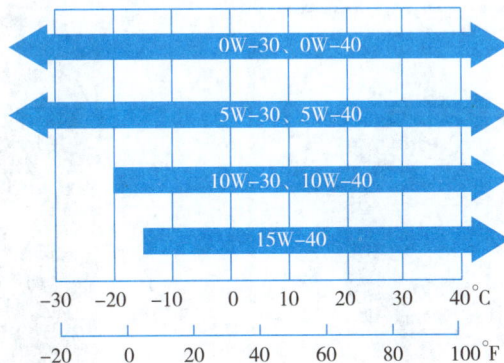

图 2－3　机油的标号和黏度等级

---

① 5W/20 也表示为 5W－20，其余同。

图 2 - 4 机油的标号和黏度等级

2. 机油的分级

"S" 开头系列代表汽油发动机用油,规格有 SA、SB、SC、SD、SE、SF、SG、SH、SJ、SL;

"C" 开头系列代表柴油发动机用油,规格有 CA、CB、CC、CD、CE、CF、CF - 2、CF - 4、CG - 4、CH - 4,CI - 4;当"S"和"C"两个字母同时存在时,则表示此机油为汽/柴通用型。

从 SA 一直到 SL,每递增一个字母,机油的性能都会优于前一种,机油中会有更多用来保护发动机的添加剂。字母越靠后,质量等级越高,国际品牌中的机油级别多是 SF 级别以上的。

三、机油滤清器

机油滤清器(以下简称滤清器)的功用是滤除机油中的金属磨屑、机械杂质和机油氧化物。如果这些杂质随同机油进入润滑系统,将加剧发动机零件的磨损,还可能堵塞油管或油道。

因此,机油滤清器在使用到达厂家规定的保养的公里数时,必须给予更换。

机油滤清器如图 2 - 5 所示。

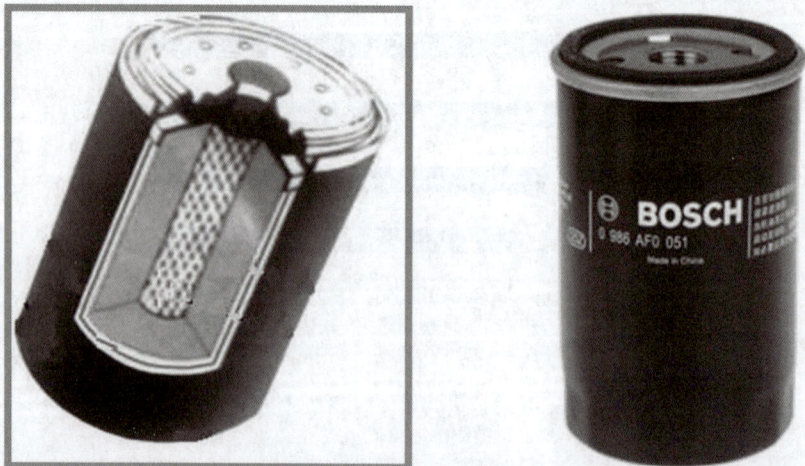

图 2 - 5 机油滤清器

2.1.2 项目实施

本项目实施发动机机油及滤清器的更换。

发动机机油更换

一、项目实施目标

（1）能够进行机油及机油品质的检查；

（2）能够根据检查的结果进行分析；

（3）能够根据保养要求对发动机机油及滤清器进行维护保养及更换。

二、项目实施准备

（1）一汽－大众捷达 NF（或老捷达）一辆；举升机一台；捷达发动机滤清器一个；滤清器拆装工具及接油盆一套。

（2）外三件套（发动机舱防护罩）一套，内三件套（座椅套、转向盘套、脚垫）一套；捷达维修手册一份（电子版）。

（3）学生必须着工装，穿工鞋。

三、任务实施步骤

（一）发动机机油卸载

发动机关闭运行 30 分钟后，首先旋开机油加注口盖子，将车辆用举升机升起至合适位置，找到发动机机油放油螺栓松开，如图 2-6 所示，用接油盆将机油收回，防止污染环境。等待 30 分钟后，将螺栓回位，按照标准力矩拧紧。

放油

加注口

图 2-6 放油螺栓的位置

（二）更换机油滤清器

找到机油滤清器的位置，如图 2-7 所示，使用专用工具将机油滤清器拆卸下来，更换上新的滤清器，切记用新的机油给新的滤清器胶圈上涂抹一层，并将新的机油注入一部分到滤芯内部（视情况而定）。

（三）发动机机油加注

将车辆从举升机上安全降下，按照规定的机油标号和黏度等级从机油加注口把机油加注到标准数量即可。

机油滤清器的位置

图 2 – 7　机油滤清器的位置

（四）发动机机油、机油滤清器更换步骤及注意事项

（1）旋开机油加注口盖子。

（2）举升车辆到合适位置，找到油底壳放油螺栓，并将其旋松。然后将机油回收装置接在其下方。慢慢旋下放油螺栓，使机油流出。

（3）待机油全部放出后，找到发动机机油滤清器。用专用工具（机滤扳手）将机油滤芯松开，并旋下。

（4）将放油螺栓拧回放油口，并按照规定力矩拧紧。用抹布将放油口周围擦干净。

（5）用新的机油给新的机油滤清器胶圈上涂抹一层，并将新的机油注入一部分到滤芯内部（视情况而定）。

（6）将新的机油滤清器安装到发动机上，并用专用工具旋紧。再用抹布将滤清器周围擦拭干净。

（7）将车辆放下，从机油加注口注入新的机油。加注到适量时（一般轿车发动机为 3 ~ 4 L），抽出机油尺，检查液面高度。

（8）加注完毕后，起动发动机，观察机油指示灯是否正常熄灭。

（9）运行完毕后，举升车辆，从底部观察机油滤清器周围及放油螺栓周围是否有泄漏。

2.1.3　知识能力拓展

（1）驾驶私家车的人越来越多，对于首次更换发动机机油，该怎么做到彻底？

在热态下卸载发动机机油，才能做到彻底更换发动机机油。

将发动机运行到正常工作温度后，让车辆上举升机，开始卸载发动机机油，因为这时机油内的杂质多数没有沉淀在油底壳底部，同时更换机油滤清器，30 分钟后可以重新加装新的机油。

（2）首次更换发动机机油后多长时间再更换？

这个问题汽车厂家都有严格的时间规定，当然 4S 店都会提前通知客户，这些都有商业利益。但有一定汽车知识的人应该知道，频繁更换机油对发动机的性能发挥是有一定影响的。如果机油颜色和黏度均没超标，即使车辆已到更换发动机机油的公里数或时间，也是可以延缓发动机机油更换的，这样可以降低车辆的运行成本。

2.1.4　学习任务单

任务名称	发动机机油及滤清器更换	学生姓名		
实训场地		学时		组号	
班级		日期		综合成绩	
任务目标	1. 掌握单人更换发动机机油的操作项目。 2. 掌握更换滤清器的操作项目。 3. 能够正确选用发动机机油。			

一、资讯

1. 发动机机油的选用标准及注意事项有哪些？

2. 发动机机油及滤清器的更换步骤有哪些？

二、计划和决策

请根据任务要求，确定所需要的设备器材和工具，并对小组成员进行合理分工，制订详细的作业计划。

1. 需要的工具和设备。

2. 小组成员分工（在练习中每位学生应充当不同任务的角色，并互换），如表 2 - 1 所示。

表 2 - 1　人员分工

组长					
组员					
主操作	辅操作	工具管理	记录	安全监督	5S 监督

3. 根据小组成员分工情况，制订实施计划，明确完成时间，如表 2 - 2 所示。

表 2 - 2　实施计划

制订实施计划	明确完成时间

三、实施

更换作业全部完成后，将检查结果填入表 2 - 3 中。

表 2 - 3　发动机机油更换及检查项目单

更换项目	质量要求	检查结果	备注（注意事项）
更换发动机机油	更换机油标号		
	有无系统泄漏	有□/无□	
	加注量	合格□/不合格□	

四、检查

1. 小组成员是否人人都能作业；
2. 小组成员是否人人都能按照规范作业；
3. 小组成员是否分工合作；
4. 小组成员是否人人都有安全意识。

五、评价

1. 根据小组完成任务的情况，对自己所做的工作进行评价，并提出改进意见。

2. 教师对学生工作情况进行点评。

3. 综合评定（见表2－4）。

表2－4 综合评定

小组自评 （30%）	小组互评 （30%）	教师评定 （40%）	综合成绩	备注

工作任务2 冷却液、风窗玻璃清洗液的维护与保养

学习目标

1. 掌握单人更换冷却液、风窗玻璃清洗液的操作项目。
2. 能够详细跟客户阐述轿车保养的重要性、保养的分类和轿车日常使用注意事项。
3. 能够正确选用合适的冷却液和风窗玻璃清洗液。
4. 具有团队精神和协作精神。
5. 具有良好的心理素质和克服困难的能力。
6. 具有承担责任的意识。

学习要求

能力目标	知识要点	权重/%
熟练更换冷却液	更换冷却液的步骤	50
熟练检查更换风窗玻璃清洗液	更换风窗玻璃清洗液的步骤	50

有一辆一汽－大众捷达轿车，行驶里程达 7 500km，最近客户来到 4S 店进行保养。需要维修技师对该车进行首次维护与保养。

2.2.1 相关知识

一、冷却液的作用

冷却液又称防冻液，如图 2-8 所示，其功能是防冻、防腐、防锈、防沸，所以禁止把自来水、河水等作为冷却液使用。冷却液在发动机冷却系统中循环流动，将发动机在工作中产生的余热带走，使发动机以正常的工作温度运转。

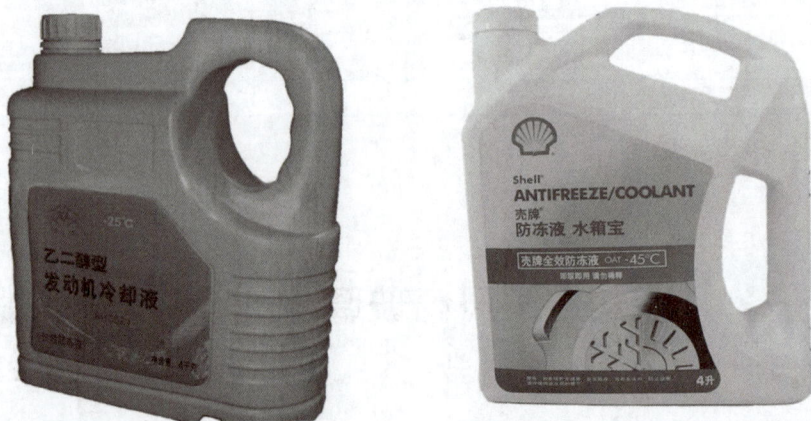

图 2-8 冷却液

二、冷却液的选用标准

（一）冷却液的使用性能

为保证汽车发动机正常工作和延长使用寿命，要求汽车发动机冷却液应具备以下性能：

（1）黏度小，流动性好；

（2）冰点低；

（3）沸点高；

（4）防腐性好；

（5）不产生水垢，不起泡。

（二）冷却液的牌号及选用标准

目前市场上使用的冷却液都是根据其冰点温度定牌号的，主要包括 -20℃、-25℃、-30℃、-35℃、-40℃ 和 -45℃ 六种牌号。选用冷却液时，应选用比环境温度低 10℃ 以上牌号的冷却液。

三、风窗玻璃清洗液的作用

风窗玻璃清洗液简称玻璃水，是专门针对汽车风挡玻璃配置的，可以对风窗起到清洁、防冻、明亮之功效。（其相关知识已在项目一中介绍，此处不详述）

2.2.2　项目实施

本项目实施冷却液及风窗玻璃清洗液的检查与更换。

一、项目实施目标

（1）能够检查冷却液及风窗玻璃清洗液的液位；

（2）能够补充更换冷却液及风窗玻璃清洗液。

二、项目实施准备

（1）一汽 – 大众捷达 NF（或老捷达）一辆。

（2）外三件套（发动机舱防护罩）一套，内三件套（座椅套、转向盘套、脚垫）一套；捷达维修手册一份（电子版）。

（3）学生必须着工装，穿工鞋。

三、项目实施步骤

（一）冷却液的检查及更换

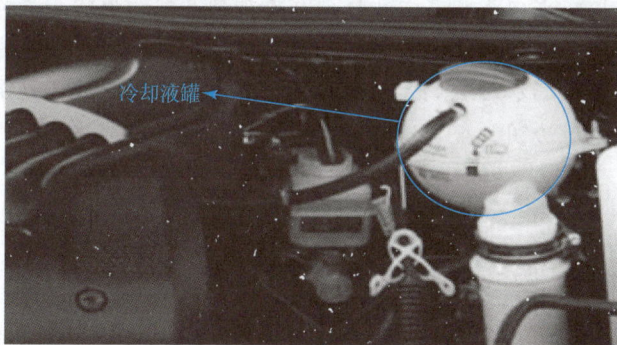

1. 冷却液的检查

冷却液的检查

（1）在发动机关闭的冷态下检查透明冷却液罐壁上的 MAX（最高）与 MIN（最低）标记线，如图 2 – 9 所示，检查液面高度。

图 2 – 9　发动机冷却液罐

（2）检查冷却液的颜色，如果发现颜色变暗，油质浑浊，则表示质量下降，需要更换。

2. 冷却液的更换

（1）排放。打开膨胀水箱盖，拆下散热器下水管与发动机处的连接，取下节温器，并将冷却液排放干净。

（2）加注。安装节温器并恢复散热器水管的连接，加注冷却液至最大刻度，盖上水箱盖，运行发动机至散热风扇转动，检查冷却液高度，补充添加至正常高度。

加注冷却液后，如在很短的时间内液面下降，说明系统中有泄漏的地方，要仔细检查。

（二）风窗玻璃清洗液的检查与更换

打开引擎盖，找到醒目的蓝色盖储液罐，盖上画着一扇玻璃，还有两注水花，检查罐内的清洗液是否注满以及液体是否透明、是否有杂质。如风窗玻璃清洗液遭到污染，必须更换。（根据车辆安装发动机的型号资料查询技术要求更换）。

2.2.3　知识能力拓展

（1）冷却液是用来替代普通自来水的，它的沸点较高，一般在120℃左右，而冰点则可达到−40℃～−60℃，可以有效防止车辆开锅，并且在冬季可防止结冰，具有防冻、防沸、防腐蚀、防锈、防污垢的作用，使发动机保持正常的工作温度。冷却液一般40 000km或两年更换一次，以优先达到者为准。

（2）玻璃水（风窗玻璃清洗液俗称玻璃水）的作用：

①防冻作用：玻璃水中有酒精、乙二醇的存在，能显著降低液体的冰点，从而起到防冻的作用，能很快溶解冰霜。

②抗静电作用：汽车挡风玻璃用玻璃水清洗后，玻璃水中被吸附在玻璃表面的物质，能消除玻璃表面的电荷，有抗静电性能。

③防腐蚀作用：玻璃水中含有多种缓蚀剂，对各种金属没有任何腐蚀作用，可使汽车面漆、橡胶、绝对安全。

④润滑作用：玻璃水中含有乙二醇，黏度较大，可以起润滑作用，减少雨刮器与玻璃之间的摩擦，防止产生划痕。

⑤清洗作用：玻璃水是由多种表面活性剂及添加剂复配而成的。表面活性剂通常具有润湿、渗透、增溶等功能，可起到清洗去污的作用。

⑥防雾作用：使用玻璃水后玻璃表面会形成一层单分子保护膜。这层保护膜能防止形成雾滴，保证风挡玻璃清澈透明，视野清晰。

2.2.4　学习任务单

任务名称	冷却液及风窗玻璃清洗液的更换	学生姓名			
实训场地		学时		组号	
班级		日期		综合成绩	
任务目标	1. 掌握单人更换冷却液的操作项目。 2. 掌握单人更换风窗玻璃清洗液的操作项目。				

一、资讯

1. 更换发动机冷却液的注意事项有哪些？

2. 更换发动机冷却液及风窗玻璃清洗液的步骤有哪些？

二、计划和决策

请根据任务要求，确定所需要的设备器材和工具，并对小组成员进行合理分工，制订详细的作业计划。

1. 需要的工具和设备。

2. 小组成员分工（在练习中每位学生应充当不同任务的角色，并互换），如表 2 - 5 所示。

表 2 - 5 人员分工

组长					
组员					
主操作	辅操作	工具管理	记录	安全监督	5S 监督

3. 根据小组成员分工情况，制订实施计划，明确完成时间，如表 2 - 6 所示。

表 2 - 6　实施计划

制订实施计划	明确完成时间

三、实施

更换作业全部完成后，将检查结果填入表 2 - 7 中。

表 2 - 7　冷却液的更换及检查项目单

更换项目	质量要求	检查结果	备注（注意事项）
更换冷却液及风窗玻璃清洗液	冷却液的品质		
	有无系统泄漏	有□/无□	
	加注量	合格□/不合格□	

四、检查

1. 小组成员是否人人都能作业；
2. 小组成员是否人人都能按照规范作业；
3. 小组成员是否分工合作；
4. 小组成员是否人人都有安全意识。

五、评价

1. 根据小组完成任务的情况，对自己所做的工作进行评价，并提出改进意见。

2. 教师对学生工作情况进行点评。

3. 综合评定（见表 2-8）。

表 2-8　综合评定

小组自评（30%）	小组互评（30%）	教师评定（40%）	综合成绩	备注

工作任务 3　底盘的维护与保养

学习目标

1. 掌握单人检查底盘紧固件的操作项目。
2. 能够详细跟客户阐述轿车保养的重要性、保养的分类和轿车日常使用注意事项。
3. 具有团队精神和协作精神。
4. 具有良好的心理素质和克服困难的能力。
5. 具有承担责任的意识。

学习要求

能力目标	知识要点	权重/%
能够熟练检查紧固件	检查紧固件的步骤	50
能够熟练掌握底盘紧固件的力矩	紧固螺栓的力矩	50

引例

有一辆一汽-大众捷达轿车，行驶里程达 7 500km，最近客户来到 4S 店进行保养。需要维修技师对该车进行首次维护与保养。

2.3.1　相关知识

新车自购买之日起，行驶到 7 500km 左右时，底盘连接处的螺栓在冲击力的作用下会发生松动，必须检查和恢复标准力矩。（单人检查底盘紧固件主要指检查紧固螺栓）

一、轮胎紧固螺栓检查

车轮与轮毂之间靠螺栓连接，如图 2 - 10 所示，紧固螺栓的拧紧力矩是车轮与轮毂连接的重要保证，因此，在保养时，还应对轿车每个轮胎的螺栓拧紧力矩进行检查。

图 2 - 10　轮胎紧固螺栓

二、发动机及变速箱紧固螺栓检查

其检查位置如图 2 - 11 所示。

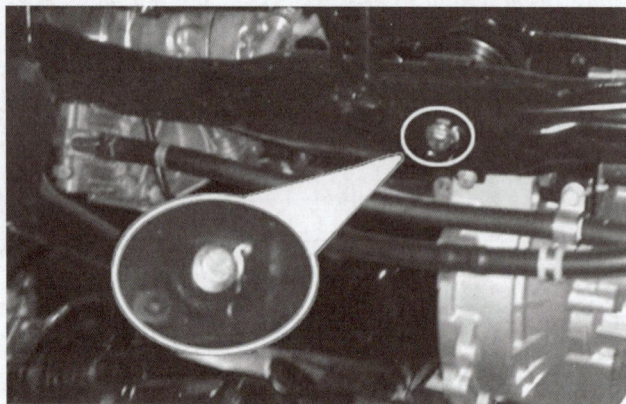

图 2 - 11　发动机及变速箱紧固螺栓

三、底盘紧固螺栓检查

为保证汽车行驶的安全性，还应检查汽车底盘元宝梁、平衡杆、后支撑桥等元件连接处的紧固情况，底盘紧固螺栓，如图 2 - 12 所示。

(a)

(b)

图 2 – 12　底盘紧固螺栓

2.3.2　项目实施

本项目实施底盘紧固件的检查与维护。

底盘紧固件螺栓的检查

一、项目实施目标

（1）能够查找底盘紧固螺栓的位置；
（2）能够根据车辆的技术资料按技术要求紧固部件螺栓。

二、项目实施准备

（1）一汽－大众捷达 NF（或老捷达）一辆；举升机一台；扭矩扳手一把。
（2）捷达维修手册一份（电子版）。
（3）学生必须着工装，穿工鞋。

三、项目实施步骤

（1）将车辆用举升机升起到合适的高度。

（2）找到底盘部件连接的各个连接螺栓，按照车辆技术要求把每个连接螺栓用扭力扳手恢复到规定力矩。

（3）对带橡胶垫的螺栓，要检查橡胶垫是否老化与损坏，如有，则必须更换。

> 🔖 **特别提示**：每次完成保养后，需对场地进行清理，对紧固螺栓力矩必须达到技术要求，在 7 500km 的保养过程中还要对其他部件进行维护，在本节后提供具体的项目作业单。

2.3.3 知识能力拓展

随着汽车行驶里程的不断增加，对底盘的检查和维护要求如下：

一级保养（5 000km 左右）是对行驶到一定里程的机动车辆进行的以紧固和润滑为中心的保养作业。

保养范围：包括检查、紧固汽车外露部位的螺栓、螺母；按规定的润滑部位加注润滑剂；检查各总成内润滑油平面，加添润滑油；清洗空气滤清器等。目的在于维护汽车完好的技术状况，保证车辆正常运行。

二级保养（10 000km 左右）是对行驶到一定里程的机动车辆进行的以检查、调整为中心的保养作业。

保养范围：除执行一级保养的作业项目外，还要检查调整发动机和电气设备的工作情况，拆洗机油盘和机油滤清器，检查调整转向、制动机构，拆洗前后轮毂轴承。添加润滑油，拆检轮胎，并进行换位等。其目的在于维护车辆各零部件、机构和总成具有良好的工作性能，确保其在两次二级保养之间的正常运行。

三级保养（20 000km 左右）是对机动车辆进行的以总成解体清洗、检查、调整和消除隐患为中心的保养作业。

保养范围：除执行一、二级保养的全部作业项目外，还要拆检发动机，清除积炭、结胶及冷却系统污垢；视需要对底盘总成进行解体清洗、检查、调整、消除隐患；对车架、车身进行检查或除锈、补漆。其目的在于巩固各总成、组合件的正常使用性能，确保正常运行。

2.3.4 学习任务单

任务名称	底盘检查	学生姓名			
实训场地		学时		组号	
班级		日期		综合成绩	
任务目标	掌握单人检查底盘紧固螺栓的操作项目。				

一、资讯

1. 检查底盘紧固螺栓的注意事项有哪些？

2. 检查底盘紧固螺栓的方法怎样？

二、计划和决策

请根据任务要求，确定所需要的设备器材和工具，并对小组成员进行合理分工，制订详细的作业计划。

1. 需要的工具和设备。

2. 小组成员分工（在练习中每位学生应充当不同任务的角色，并互换），如表 2 – 9 所示。

表 2 – 9　人员分工

组长					
组员					
主操作	辅操作	工具管理	记录	安全监督	5S 监督

3. 根据小组成员分工情况，制订实施计划，明确完成时间，如表 2 – 10 所示。

表 2 – 10　实施计划

制订实施计划	明确完成时间

三、实施

更换作业全部完成后，将检查结果填入表2－11中。

表2－11　底盘螺栓紧固及检查项目单

更换项目	质量要求	检查结果	备注（注意事项）
底盘紧固螺栓检查	紧固螺栓力矩		
	有无松动	有□/无□	
	紧固力矩	合格□/不合格□	

四、检查

1. 小组成员是否人人都能作业；
2. 小组成员是否人人都能按照规范作业；
3. 小组成员是否分工合作；
4. 小组成员是否人人都有安全意识。

五、评价

1. 根据小组完成任务的情况，对自己所做的工作进行评价，并提出改进意见。

2. 教师对学生工作情况进行点评。

3. 综合评定（见表2－12）。

表2－12　综合评定

小组自评（30%）	小组互评（30%）	教师评定（40%）	综合成绩	备注

项目三
15 000km 保养

　　本项目主要介绍了空调系统的维护与保养、空气滤清器的常规检查与更换、燃油滤清器的常规检查与更换、轮胎的检查与更换。

　　通过本项目的学习，学生要了解汽车 15 000km 保养的项目，掌握汽车 15 000km 保养的操作方法和步骤，毕业以后能够适应相应的职业岗位。

工作任务 **1** 空调系统的维护与保养

学习目标

1. 掌握维护与保养空调系统的常规检测操作项目。
2. 掌握检测与更换空调滤清器的操作项目。
3. 能够正确处理废、气液等并符合国家相关环保要求。
4. 具有团队精神和协作精神。
5. 具有良好的心理素质和克服困难的能力。
6. 具有与客户建立良好、持久关系的能力。
7. 具有承担责任的意识。

学习要求

能力目标	知识要点	权重/%
能进行空调系统的常规检查操作	空调制冷剂检查与更换的方法	40
能进行空调滤清器的检查与更换	空调滤清器检查与更换的方法	40
能正确使用歧管压力表、检漏仪、真空泵	相关设备的使用方法	20

引例

服务顾问接车，发现车辆的行驶里程已经超过 15 000km，需要对车辆进行 15 000km 的保养，所以服务顾问与车间维修技师沟通安排工位，维修技师根据车辆供应商的 15 000km 保养项目内容及要求，对一汽－大众捷达轿车进行 15 000km 保养，完成后，将车辆和任务单送回给服务顾问，最终，由服务顾问将车辆交给客户。此工作任务为 15 000km 保养中汽车空调系统的维护与保养。

3.1.1 相关知识

一、汽车空调系统的基本常识

（一）使用概况

汽车空调系统是实现对车厢内空气进行制冷、加热、换气和空气净化的装置。它可以为乘车人员提供舒适的乘车环境，降低驾驶员的疲劳度，提高行车安全。空调装置已成为衡量汽车功能是否齐全的标志之一，如图3－1所示。

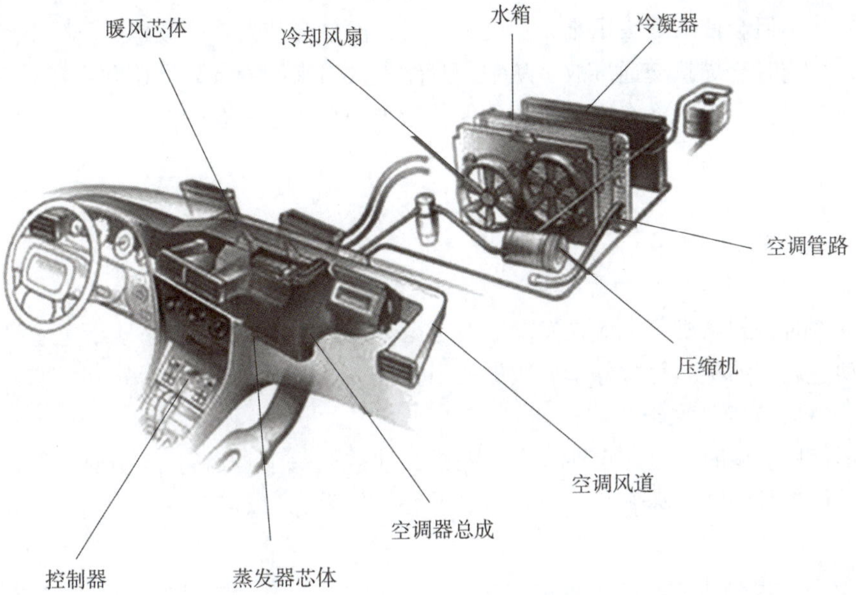

图3－1   汽车空调系统组成部件

其概况如下：

（1）由于汽车空调的工作环境是在运动中的车上，要承受剧烈和频繁的振动和冲击。因此，汽车空调的各个部件连接部位容易出现松动，使制冷剂泄漏而导致制冷不良，甚至导致空调系统部件的损坏。振动和冲击还可能造成控制电路元件线路故障。统计表明，汽车空调因制冷剂泄露而引起的空调故障约占全部故障的80%。

（2）冷凝器是紧挨着发动机的散热器，它的冷凝温度往往是很高的，所以其运行状况比其他空调装置更恶劣。

（3）汽车空调系统的压缩机是直接由发动机驱动的，当压缩机不工作时，压缩机可以与发动机脱开，它是由电子离合器来实现的。

（4）汽车空调作为舒适系统的一部分，使用率较高，在使用一段时间后，经常会闻到一股类似霉变、烟尘的气味，制冷或制热时，从风口吹出来的空气不清新，人在车里时间长了，就会感觉鼻腔、气管不适。

（二）保养的必要性

因为汽车空调系统长时间运转后会发生霉变，而且车里会有各种异味，所以有必要对其进行保养。具体详情如下：

（1）空调系统运转时，空气中的水汽在空调的冷凝蒸发器表面形成冷凝水，其中一部分水在空调关闭后会留在蒸发器和空调管路中。这些水分和空气中的微生物及污染物相结合，在潮湿、温暖和黑暗的空调系统中会成为阴霉菌、曲霉菌、青霉菌、LP杆菌和螨虫滋生的温床。

（2）驾乘者在车内吸烟产生的烟碱。

（3）车内橡胶、塑料及皮革发出的气味。

（4）外界空气中的烟雾、灰尘及废气进入车内。

这些异味不但会使人呼吸困难，免疫力下降，而且会使人产生烦躁感，降低人的判断力和记忆力，严重时会导致交通事故。从空调管路里吹出来的细菌、霉菌和病毒时刻威胁着驾乘者的身体健康，所以，汽车空调系统的保养与维护是非常重要的。

二、注意事项

（一）使用注意事项

1. 开启与关闭汽车空调的时间要恰当

使用空调时，鼓风机开关应在发动机稳定运转几分钟后才能接通，然后再按下空调 A/C 开关，起动空调压缩机。每次停车后应先关闭空调，再熄火。

2. 冬季要定期开启空调压缩机

冬季不使用空调时，也应定期开启压缩机，让空调每个月运行 15 分钟，可以对空调系统的各个元件进行润滑（压缩机、密封圈、管路，等等），以避免密封圈过于干燥导致制冷剂泄漏。

3. 要避免开大制冷量而选小风量

在使用空调时，请不要将功能键选在制冷量最大的位置而将调风挡选在最小的位置，如果这样，则冷气排不出，蒸发器易结霜，严重时会使压缩机发生"液击"现象。

4. 夏季车内温度较高时，刚打开空调，不宜立即关紧车门

在打开空调之前，最好的方法是先打开车窗和车门，保证最大程度的通风，以便将热空气排出；几分钟后，起动发动机，将空调设为内循环模式，再关闭车窗和车门，温度将很快降下来。或者让车窗处于开启状态行驶几分钟后，再关闭车窗并开启空调。

5. 定期清洁与更换空调滤芯

大多数车辆在空调进风口处安装了空气过滤器，在使用过程中要定期更换、清洁空调滤芯。由于空气中的沙尘、草木纤维等都会沾在滤清器上，容易滋长细菌，使空调产生霉味，因此最好每年的春季过后更换一次。

6. 定期清洁空调系统内部

汽车空调在使用过程中，由于部分沙尘会透过滤芯进入空调内部管道中，会导致细菌生长，产生异味，所以要定期清洁空调系统内部，可使用专用的清洁剂进行杀菌、清理和除异味。

7. 定期清洁冷凝器

水箱和冷凝器是车辆冷却系统和空调的重要组成部分，随着车辆的长时间使用，像尘土、泥沙、柳絮等就会夹杂在两者之间的缝隙中，从而会影响水温和空调制冷的性能。

8. 选择合适的出风方向

灵活调整空调出风口，可发挥空调的最佳效果，可根据冷空气下沉、热空气上升的原理，在开冷气时将出风口向上，开暖气时将出风口向下。当然，也可以根据个人习惯，合理选择吹脸、吹脚等出风模式。

9. 空调使用时间不宜太长

不管是吹冷风还是热风，空调使用时间都不宜太长。

10. 空调要定期开大风量

有的车主因为不喜欢空调开到高挡时发出的噪声，因此很少或从不将空调开到大风量。但是空调使用时会吸进很多灰尘，定期开大风量能将空调风道内表面的浮尘吹出来，这是保持空调清洁的一种简单方法。

（二）保养注意事项

1. 处理制冷剂时应注意的安全问题

（1）不要在密闭的空间或靠近明火处处理制冷剂。

（2）必须戴防护眼镜。

（3）避免液体的制冷剂进入眼睛或溅到皮肤上。

（4）不要将制冷剂的罐底对着人，有些制冷剂罐底有紧急放气装置。

（5）不要将制冷剂罐直接放在温度高于40℃的热水中。

（6）如果液体制冷剂进入眼睛或碰到皮肤，不要揉，要立即用大量的冷水冲洗，要立即到医院找医生进行专业处理，不要试图自己进行处理。

2. 在更换零件或管路时应注意的问题（如图3－2所示）

（1）用制冷剂回收装置回收制冷剂以便再次使用。

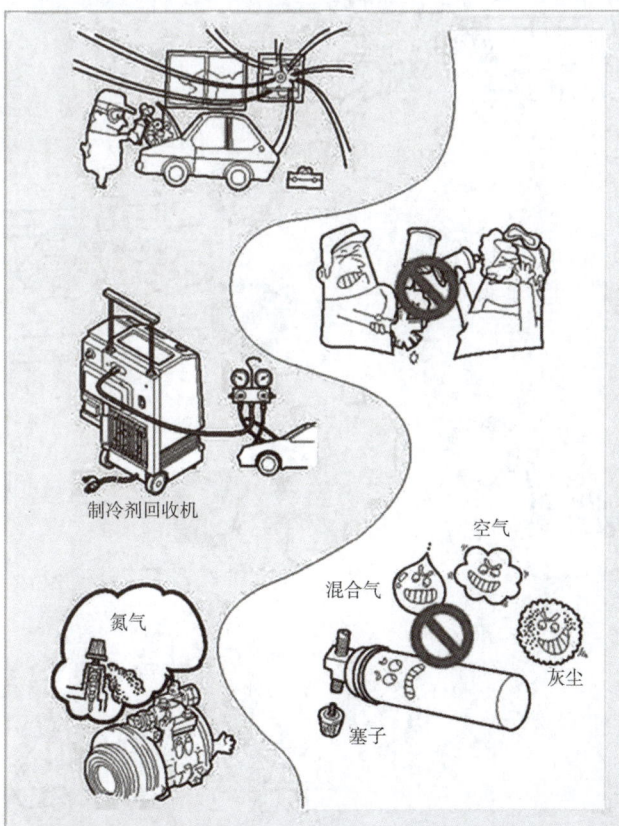

制冷剂回收机

氮气

空气

混合气

灰尘

塞子

图3－2　更换零件或管路时应注意的问题

（2）在未连接的管路或零件上要插上塞子，以免潮气、灰尘进入系统。

（3）对于新的冷凝器、储液干燥器等零件，不要拔了塞子放置。

（4）在拔出新压缩机塞子之前要从排放阀放出氮气，否则在拔塞子时，压缩机油将随氮气一起喷出。

（5）不要用火焰加热进行弯管操作和管路拉伸。

3. 在拧紧连接零件时应注意的问题

（1）滴几滴压缩机油到 O 型密封圈上，可使紧固容易和防止漏气。

（2）使用两个开口扳手紧固螺母，防止管路扭曲。

（3）按规定的力矩拧紧螺母或螺栓。

4. 处理装有制冷剂的容器时应注意的问题

（1）不要加热制冷剂容器。

（2）容器要保持在 40℃ 以下。

（3）当用温水加热制冷剂容器时，不允许将容器顶部的阀门浸入水中，防止水渗入容器管路。

（4）空的一次性制冷剂容器禁止再次使用。

5. 在空调制冷系统开启补充制冷剂时应注意的问题（如图 3－3 所示）

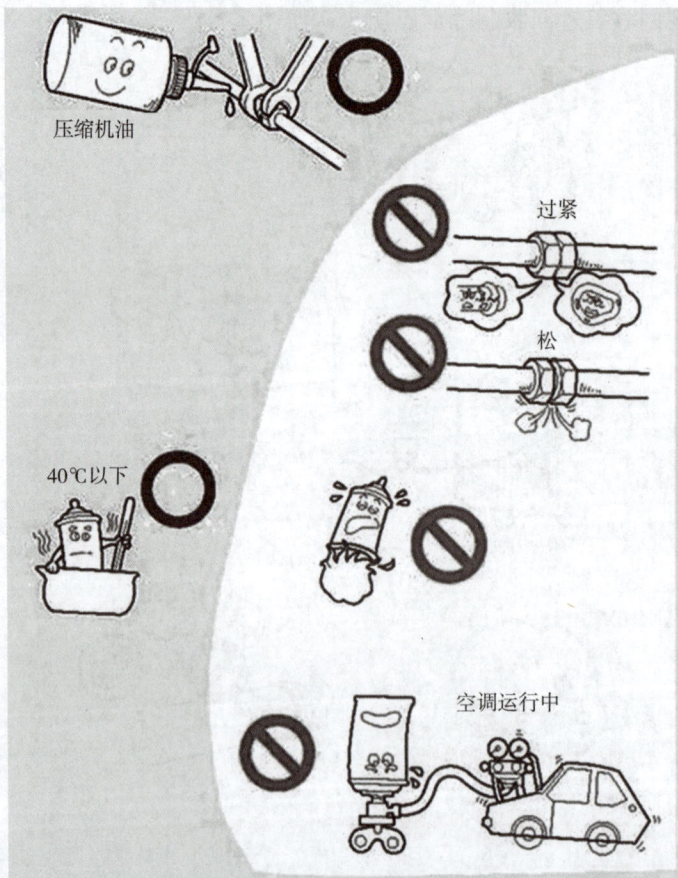

图 3－3　在空调系统开启补充制冷剂时应注意的问题

（1）如果制冷剂不足，有可能引起压缩机润滑不足，造成压缩机损坏，应注意避免这种情况发生。

（2）空调系统在运转时，如果开启高压阀，将引起制冷剂倒流入制冷剂容器，使制冷剂容器破裂，因此只允许开启低压阀。

（3）如果将制冷剂容器倒置，制冷剂将以液态进入空调管路，造成压缩机液击，损坏压缩机，所以制冷剂必须以气态充入。

（4）制冷剂不要充入过量，否则将造成制冷不良、发动机经济性变差、发动机过热等故障。

3.1.2　项目实施

本项目实施一汽－大众捷达汽车空调系统的常规检查。

空调系统的常规检查

一、项目实施目标

能够进行空调系统的常规检查和更换空调滤清器，同时能正确使用检漏仪、歧管压力表、真空泵。

二、项目实施准备

（1）一汽－大众捷达轿车 4 辆；常用通用工具 4 套，安全性能良好的车辆举升设备 4 套。

（2）R134a 制冷剂 5 瓶，检漏仪、歧管压力表、真空泵各 4 套。

（3）通用工具 1～2 套；发动机舱防护罩 4 套，三件套（座椅套、转向盘套、脚垫）4 套。

（4）学生必须着工装，穿工鞋。

三、项目实施步骤

（一）日常检查维护步骤

1. 直观检查

（1）检查空调出风口的出风量，如果出风量不足，检查进风滤清器，如有杂物，清除之。

（2）听压缩机附近是否有非正常的响声，如果有，检查压缩机的安装情况，如图 3-4 所示。

（3）检查冷凝器散热片上是否有脏物覆盖，如果有，将脏物清除。

（4）检查制冷循环系统的各连接处是否有油渍，如果有油渍，说明该处有泄漏，应紧固该连接处或更换该处的零件。

（5）将鼓风机开至低、中、高挡，听鼓风机处是否有杂音，检查鼓风机是否运转正常，如果有杂音或运转不正常，应更换鼓风机。（鼓风机进入异物或安装有问题，也会引起杂音或运转不正常，所以在更换之前要仔细检查）

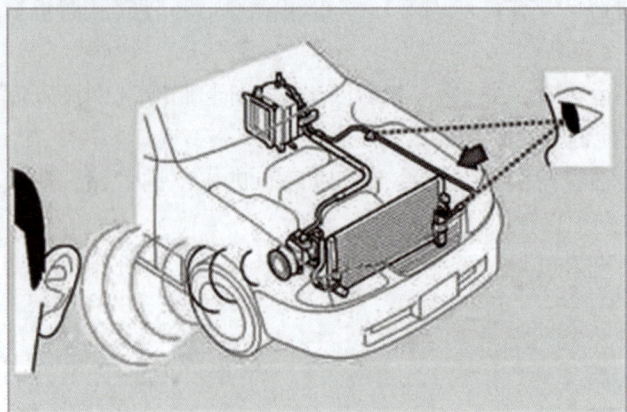

图 3 - 4　直观检查

2. 检查制冷剂的量

检查制冷剂的量有两种方法：一种是通过系统中安装的视液镜检查；另一种是通过检测系统压力检查。

1）通过视液镜检查制冷剂的量

检查条件：发动机转速为 1 500 转/分钟；鼓风机速度控制开关处于"高"位；空调开关为"开"；温度选择器为"最凉"；完全打开所有车门，如图 3 - 5 所示。

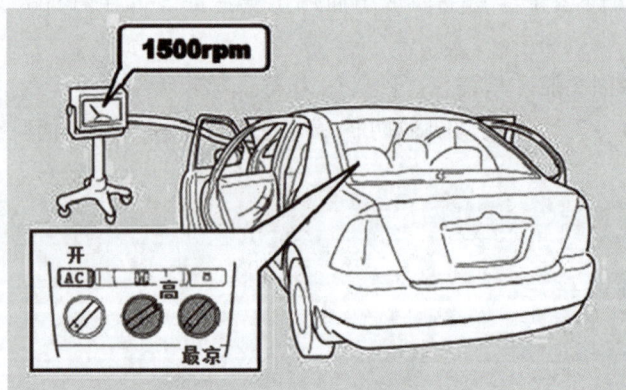

图 3 - 5　检查条件

从视液窗中看到的制冷剂情况主要有 5 种，如图 3 - 6 所示。

（1）清晰、无气泡。

清晰、无气泡，说明制冷剂适量。若开、关空调机的瞬间制冷剂起泡沫，随后就变清，也同样说明制冷剂适量。如果开、关空调机从视液窗内看不到动静，而且出风口不冷，压缩机进出口之间没有温差，则说明制冷剂已漏光。若出风口不够冷，而且关闭压缩机后无气泡、无流动，则说明制冷剂过多。

（2）偶尔出现气泡。

若偶尔出现气泡，并且伴有膨胀阀结霜，则说明系统中有水分。若无膨胀阀结霜现象，则可能是制冷剂少量缺少或有空气进入。

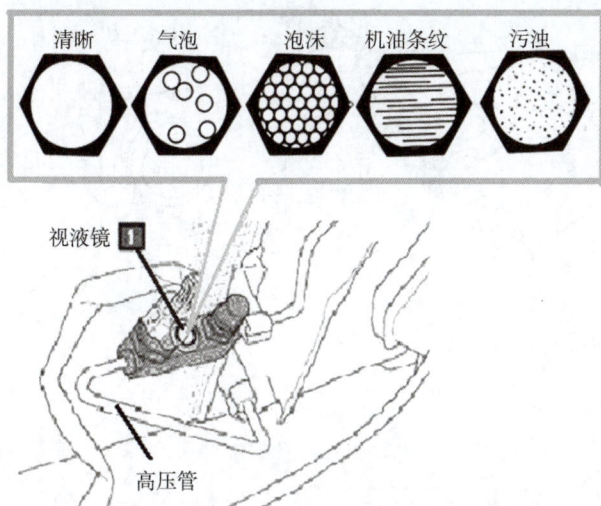

图 3-6 检查制冷剂的量

（3）有泡沫出现。

若有泡沫不断出现，则说明制冷剂不足。如果泡沫很多，可能是因为有空气存在。

（4）出现机油条纹。

若视液窗的玻璃上有条纹状的油渍，则说明制冷剂过量。

（5）出现污浊。

若视液窗上留下的油渍是黑色的或有其他杂物，则说明系统内的制冷剂已变质。

2）通过检查系统的压力检查制冷剂的量

（1）连接歧管压力表。

注意事项：

①连接时，用手而不要用任何工具紧固加注软管；

②如果加注软管的连接密封件损坏，更换；

③由于低压侧和高压侧的连接尺寸不同，连接软管时不要装反；

④软管和车门侧的维修阀门连接时，把快速接头接到维修阀门上并滑动，直到听到"咔嗒"声；

⑤和多功能表连接时，不要弄弯管道，如图 3-7 所示。

（2）检查制冷系统的压力。

技术标准：

R134a 空调系统正常工作压力范围，表读数：低压侧为 0.15～0.25MPa（1.5～2.5kgf/cm²），高压侧为 1.37～1.57MPa（14～16kgf/cm²）。如图 3-8 所示。

R12 空调系统正常工作压力范围，表读数：低压侧为 0.15～0.20MPa，高压侧为 1.45～1.50MPa。

3. 检查制冷剂的泄漏

汽车空调系统的工作环境比较恶劣，其制冷系统一直随汽车在振动的工况下工作，极易造成部件、管道损坏和接头松动，使制冷剂发生泄漏。另外，每次拆装或检修汽车制冷系统

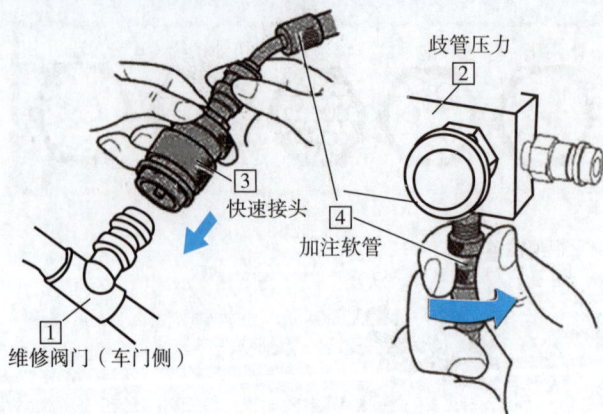

歧管压力
2

3 快速接头
4 加注软管

1
维修阀门（车门侧）

图 3-7　连接歧管压力表

低压侧0.15~0.25MPa　　　　高压侧1.37~1.57MPa
(1.5~2.5kgf/cm²)　　　　　　(14~16kgf/cm²)

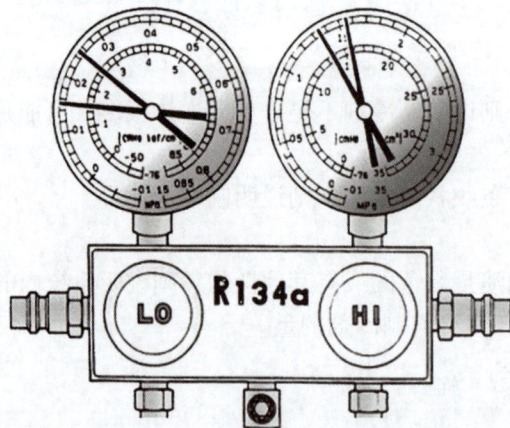

图 3-8　检查制冷系统的压力

管道、更换零件之后也需要在检修拆装的部位进行制冷剂的泄漏检查，如图 3-9 所示。

出风口
1
1
1
蒸发器
4
1
储液干燥器
5
接头
7
EPR阀
8
6 软管
2
压缩机
3
冷凝器
9
检漏计

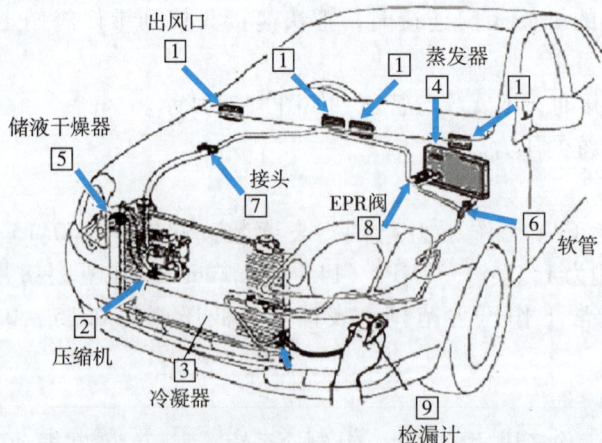

图 3-9　检查制冷剂的泄漏

4. 加注制冷剂的程序

1）放空——利用表阀将制冷剂排放到外部

（1）装上歧管压力表，如压缩机上有检修阀，先将手柄置于打开。

（2）关闭歧管压力表的高、低压两侧手动阀，连接管路。

（3）慢慢打开低压侧手动阀，并用集油器收集流出的冷冻润滑油。

（4）低压降到345kPa时，慢慢打开高压侧手动阀。

（5）压力表降到0时，放空结束。

（6）测量收集到的润滑油，超过14.2L，应加入同质量的油，少于14.2L，不需添补。

2）抽真空和检漏

制冷系统中的空气、水分、杂质不但会降低制冷效果，而且会破坏轴承、密封圈等部件的工作性能，腐蚀金属零件，因此要对系统抽空。其操作步骤如下：

（1）如图3-10所示，把冷气系统、歧管压力表组件以及真空泵连接好。

（2）打开歧管压力表组件的高、低压两侧手动阀，起动真空泵，观察低压表指针，应该有真空显示。

（3）操作10min后，低压表应达到79.8kPa的真空度，高压表指针应略低于零刻度，如果高压指针不能低于零刻度，表明系统内有堵塞，应停止操作，排除故障，再抽真空。

（4）如果达不到此数值，应关闭低压侧手动阀，观察低压表指针，如果指针上升，说明真空有损失，要查泄漏点，进行检修后才能继续抽真空，这一步也就是真空试漏法。

（5）抽真空总的时间不应少于30min，充分清除系统中的水分之后，才可以向系统中充注制冷剂。

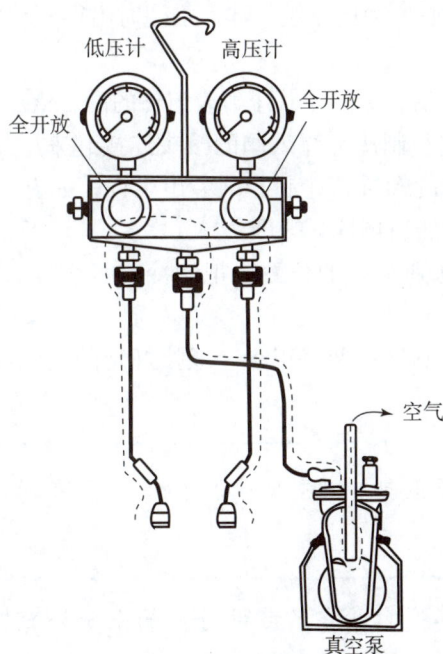

图 3-10　抽真空示范

3）加注制冷剂

方法一：高压侧加注[1]（适合给新系统加注制冷剂），如图 3 – 11 所示。

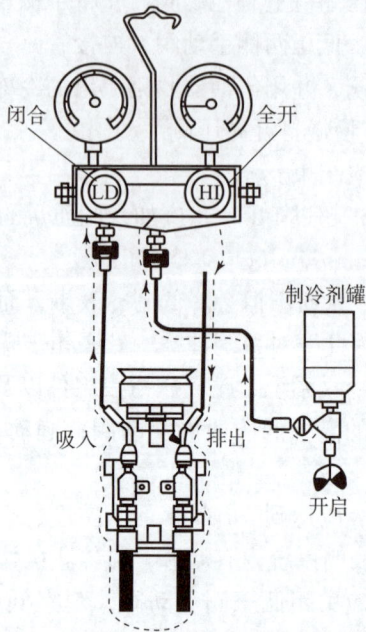

图 3 – 11   高压侧加注

从压缩机排气阀的旁通孔加注，充入的是液体。特点是安全、快速，适用于制冷系统的第一次加注，即经检漏、抽真空后的系统加注。加注时不得开动压缩机，制冷罐倒立。

步骤如下：

（1）当系统抽完真空之后，关闭歧管压力表组件的高、低压两侧手动阀。

（2）将中间软管的一端与制冷剂注入阀的接头连接起来，打开制冷剂罐开启阀，再拧开歧管压力表组件软管一端的螺母，让制冷剂溢出少许，如有白色气体或"嘶嘶"声，要把注入软管中的空气排出，然后再拧紧螺母。

（3）拧开高压侧手动阀到全开的位置，把制冷剂罐倒立，以便从高压侧注入液态制冷剂。

（4）从高压侧注入液态制冷剂两罐以上，或按规定的量注入。关闭制冷剂罐上的开启阀，然后将仪表卸下。

> 特别提示：从高压侧向系统注入制冷剂时，千万不能开动发动机，而且充注时不能拧开低压侧手动阀。

方法二：低压侧加注（适合给空的或部分空的系统补充加注制冷剂），如图 3 – 12 所示。

---

[1]   高压侧就是高压端，下面低压侧也就是低压端。

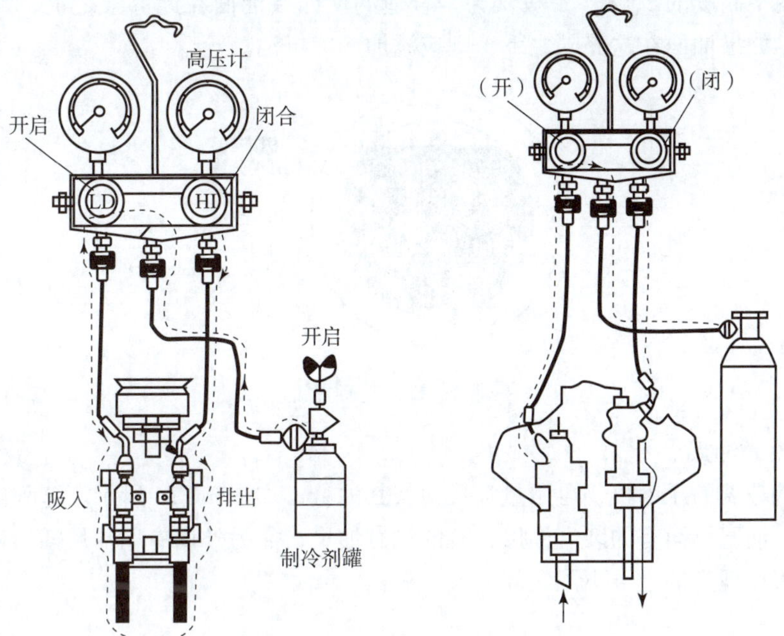

图 3 - 12 低压侧加注

从压缩机吸气阀的旁通孔加注，充入的是气体。特点是速度慢，可在系统制冷剂不足的情况下使用。

步骤如下：

（1）如图 3 - 12 所示，把歧管压力表组件与压缩机和制冷剂罐连接好。

（2）打开制冷剂罐，拧松中间注入软管在歧管压力表组件侧的螺母，直到听见制冷剂蒸汽有流动的声音，然后拧紧螺母，其目的是将注入软管中的空气排出。

（3）打开低压侧手动阀，让制冷剂进入系统。当系统的压力值达到 420kPa 时，关闭低压侧手动阀。

（4）起动发动机，把空调开关接通，把风机开关和温度开关都开到最大。

（5）再打开低压侧手动阀，让制冷剂继续进入冷气系统，直到充注量达到规定值。

（6）充注完毕之后，关闭歧管压力表组件的低压侧手动阀，关闭装在制冷剂罐上的注入阀，使发动机停止运转，从压缩机上迅速拆除制冷剂软管接头。

> 🔔**特别提示：**高压侧管路里的制冷剂处于高压状态，必须十分小心，防止损伤眼睛和皮肤。

5. 压缩机冷冻机油的检查及加注

1）压缩机冷冻机油量的检查

（1）观察视镜。

通过压缩机上安装的视镜玻璃，可观察压缩机油量，如图 3 - 13 所示。如压缩机冷冻机油油面达到视镜高度的80%，一般认为是合适的。如果油面在此界限之上，则应引出多余的冷冻机油；如果油面在这界限之下，则应添加冷冻机油。

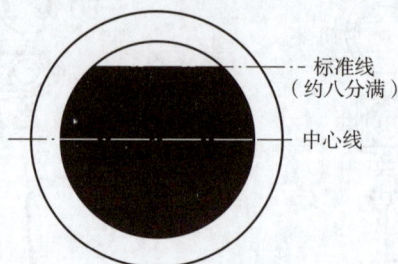

图 3 - 13　观察视镜

（2）观察量油尺。

未装视镜玻璃的压缩机，可用量油尺检查其油量，如图 3 - 14 所示。这种压缩机有的只有一个油塞，油塞下面有的装有油尺，有的没有油尺，需另外用专用油尺插入检查，观察油面的位置是否在规定的上、下限之间。

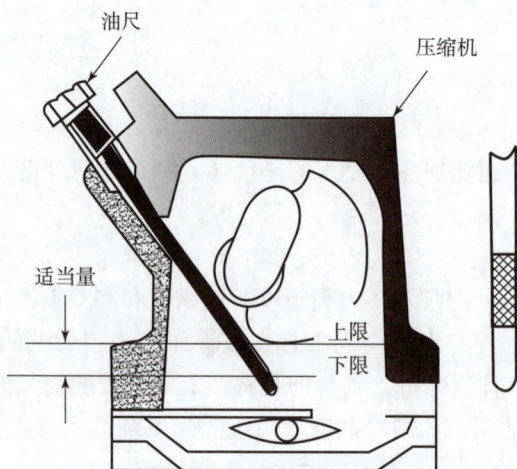

图 3 - 14　观察量油尺

2）添加冷冻机油

添加时一定要保证使用同一型号的冷冻机油，因为使用不同型号的冷冻机油会生成沉淀物。

添加冷冻机油可用两种方法。

方法一：直接加入法。

将冷冻机油按标准称量好，直接倒入压缩机内，这种方法只在更换蒸发器、冷凝器和干燥瓶时使用。

方法二：真空吸入法。

添加冷冻机油可在抽真空后进行，其设备如图 3 - 15 所示，操作步骤如下：

（1）按抽真空的方法先对制冷系统抽真空。

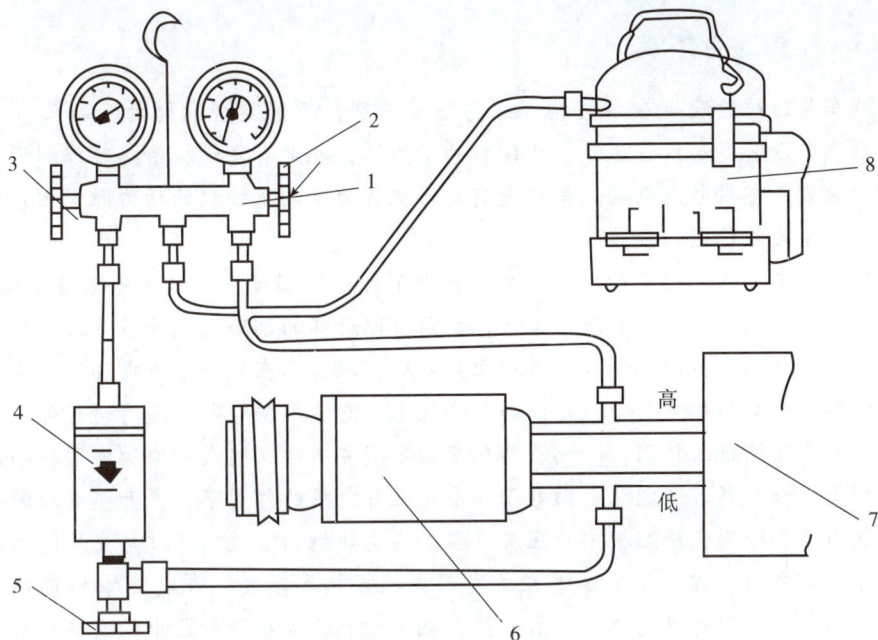

图 3-15　真空吸入法加注冷冻机油

1—表阀；2—高压侧手动阀；3—低压侧手动阀；4—注油器；
5—放油阀；6—压缩机；7—制冷系统；8—真空泵

（2）选用一个带有刻度的注油器，其上面有一个加油螺塞和一个放油阀。加入比要补充的冷冻机油量还要多一些的冷冻机油。

（3）将注油器接在表阀的低压接口和空调制冷系统低压检修阀之间。

（4）起动真空泵，打开注油器的上放油阀，补充的冷冻机油就从制冷系统的低压侧进入压缩机，当冷冻机油油量达到规定量时，停止真空泵，关闭放油阀。

（5）拆下注油器，把低压软管接在制冷系统的低压气门阀，接着对系统进行抽真空，加注制冷剂。

注意：冷冻机油使用完后，需及时盖严油瓶口，并擦净系统上的油迹。更换新的压缩机时，一般里面已有冷冻机油，不用再加。

（二）空调滤清器的更换

1. 不同车型空调滤清器的位置不同

空调滤清器的位置主要有如下两种：

（1）有些车的空调滤清器在车的前挡风玻璃下面，被一个导水槽盖住。在更换空调滤清器时，先把发动机盖掀开，取下固定导水槽的卡子，拆下流水槽，就可以看见空调滤清器了。

（2）大部分家用轿车的空调滤清器位于副驾驶座前挡风玻璃下的储物盒里，拆卸起来极为方便，只需要将储物盒取下，就会看见里面的空调滤清器。

2. 更换方法

取出滤格，装上新的滤芯，装回储物盒即可。

更换周期：根据具体行车环境，行驶至 10 000~15 000km 更换一次。

3.1.3　知识能力拓展

电动汽车与传统的汽车在系统构成上存在着差别，不同类型的电动汽车又有不同的特点。纯电动汽车没有发动机作为空调压缩机的动力源，也没有发动机余热可以利用以达到取暖、除霜的效果。燃料电池电动汽车也没有发动机作为空调压缩机的动力源，但是燃料电池发动机可以产生比较稳定的余热。

汽车空调对车厢内部空气的调节首要的是调节空气的温度，通过制冷来降低空气温度。根据电动汽车的特点，对于电动汽车来说，目前可以选择的制冷空气调节方式主要有热电式制冷、电动压缩机制冷、余热制冷。其中余热制冷可以考虑在燃料电池电动汽车上采用。

半导体制冷又称为热电制冷，是固态制冷技术，它不用制冷剂，没有运行件。其热电堆起着压缩式制冷压缩机的作用，冷端及其热交换器则相当于压缩式制冷蒸发器，而热端及其热交换器相当于冷凝器。通电时自由电子和空穴在外电场的作用下，离开热电堆的冷端向热端移动，相当于制冷剂在压缩机中的压缩过程。在电热堆的冷端，通过热交换器的吸热，同时产生电子—空穴对，相当于制冷剂在蒸发器内的吸热和蒸发。在电热堆的热端，发生电子—空穴对的复合，同时通过热交换器散热，相当于制冷剂在冷凝器中的发热和凝结。

热电空气调节具有以下特点：热电元件工作需要直流电源；改变电流方向即可产生制冷、制热的逆效果；热电制冷片热惯性非常小，制冷时间很短，在热端散热良好、冷端空载的情况下，通电不到 1min，制冷片就能达到最大温差；调节组件工作电流的大小即可调节制冷的速度和温度，温度控制精度可达 0.001℃，并且容易实现能量的连续调节；在正确设计和应用的条件下，其制冷效率可达 90% 以上，而制热效率远大于 1；体积小、重量轻、结构紧凑，有利于减小电动汽车的整备质量；可靠性高、寿命长，并且维护方便；没有转动部件，因此无振动、无摩擦、无噪声，且耐冲击。

燃油汽车空调系统的暖风热源主要由发动机冷却液提供，而电动汽车的暖风系统与之不同。电动汽车空调系统的暖风主要由以下几种部件提供：

1. 热泵

这是由传动带驱动的直流无刷电动机的电动汽车热泵式空调系统。空调系统的制冷/制热模式由四通换向阀转换，实线箭头表示制冷工况，虚线箭头表示制热工况。从原理上讲，该系统与普通的热泵空调并无区别，但是用于电动汽车上，其专门开发了双工作腔滑片压缩机、直流无刷电动机和逆变器控制系统。在热泵工况下，系统从融霜模式转为制热模式时，风道内换热器上的冷凝水将迅速蒸发，在风窗玻璃上结霜，影响驾驶的安全性。

2. PTC 电加热器

PTC 电加热器是采用 PTC 热敏电阻元件作为发热源的一种加热器。PTC 热敏电阻通常是用半导体材料制成的，它的电阻随温度变化而急剧变化，当外界温度降低时，PTC 电阻值随之减小，发热量反而会相应增加。按材质可以分为陶瓷 PTC 热敏电阻和有机高分子 PTC 热敏电阻，用于空调辅助电加热器的是陶瓷 PTC 热敏电阻。PTC 热敏电阻元件因具有随环境温度高低的变化，其电阻值随之增加或减小的变化特性，所以 PTC 电加热器具有节能、恒温、安全和使用寿命长等特点。

空调辅助电加热器可以分为粘接式陶瓷 PTC 加热器和金属 PTC 管状加热器。

　　粘接式陶瓷 PTC 加热器是将多个陶瓷 PTC 芯片及铝波纹散热片用耐高温树脂胶粘接在一起的加热器，其散热性好，电气性能稳定。其中粘接式陶瓷 PTC 加热器又分为加热器表面带电型和加热器表面不带电型两种。

　　金属 PTC 管状加热器采用进口镍铁合金丝为发热材料，发热管外镶铝散热片，其散热效果非常好。加热器配用温度控制器和热熔断器，使产品使用更安全可靠。这种加热器具有 PTC 材料的良好特性，一些空调均采用此类加热器作为辅助加热。

3. 余热 + 辅助 PTC

　　这是利用大功率器件（功率变换器、驱动电机、电机控制器等）工作时产生的热量，对车内环境进行热交换。当热量不足时，启用辅助 PTC 电加热器。

　　电动汽车已成为重要的代步工具，空调在制冷制热方面的条件是人们选车的重要因素，毕竟制冷制热也是需要耗电的。

3.1.4　学习任务单

任务名称	空调系统的维护与保养		学生姓名			
实训场地			学时		组号	
班级			日期		综合成绩	
任务目标	1. 能进行空调系统的常规检查； 2. 能正确进行制冷剂的检查和加注； 3. 能进行空调滤清器的检查与更换。					

一、资讯

1. 为什么要进行汽车空调系统的维护与保养？

2. 在加注制冷剂的过程中要注意什么？

3. 一汽－大众捷达轿车的真空压力标准值是多少？

二、计划和决策

请根据任务要求，确定所需要的设备器材和工具，并对小组成员进行合理分工，制订详细的作业计划。

1. 需要的工具和设备。

2. 小组成员分工（在练习中每位学生应充当不同任务的角色，并互换），如表 3 – 1 所示。

表 3 – 1　人员分工

组长					
组员					
主操作	辅操作	工具管理	记录	安全监督	5S 监督

3. 根据小组成员分工情况，制订实施计划，明确完成时间，如表 3 – 2 所示。

表 3 – 2　实施计划

制订实施计划	明确完成时间

4. 作业中的安全注意事项。

三、实施

1. 准备任务所需的设备器材；
2. 实施车辆安全防护作业，小组成员轮换作业；
3. 进行空调系统的维护与保养作业，小组成员轮换作业；
4. 进行空调滤清器的检查与更换作业，小组成员轮换作业。

所有任务完成后，将检查结果填入表 3－3 中。

表 3－3　空调系统维护与保养项目单

序号	检查或维护步骤	备注

四、检查

1. 小组成员是否人人都能作业；
2. 小组成员是否人人都能按照规范作业；
3. 小组成员是否分工合作；
4. 小组成员是否人人都有安全意识。

五、评价

1. 根据小组完成任务的情况，对自己所做的工作进行评价，并提出改进意见。

2. 教师对学生工作情况进行点评。

3. 综合评定（见表3-4）。

表3-4　综合评定

小组自评 （30%）	小组互评 （30%）	教师评定 （40%）	综合成绩	备注

工作任务 2　空气滤清器的维护与保养

学习目标

1. 掌握空气滤清器的检查规则。
2. 掌握空气滤清器的清洗和更换步骤。
3. 能够正确处理废、气液等并符合国家相关环保要求。
4. 具有团队精神和协作精神。
5. 具有良好的心理素质和克服困难的能力。
6. 具有与客户建立良好、持久关系的能力。
7. 具有承担责任的意识。

学习要求

能力目标	知识要点	权重/%
能对空气滤清器进行检查	空气滤清器常规检查的方法	30
能清洗和更换空气滤清器	空气滤清器清洗和更换的步骤	70

服务顾问接车，发现车辆的行驶里程已经超过 15 000km，需要对车辆进行 15 000km 的保养，所以服务顾问与车间维修技师沟通安排工位，维修技师根据车辆供应商的 15 000km 保养项目内容及要求，对一汽 – 大众捷达轿车进行 15 000km 保养，完成后，将车辆和任务单送回给服务顾问，最终，由服务顾问将车辆交给客户。此工作任务为 15 000km 保养中清洗和更换空气滤清器。

3.2.1　相关知识

一、空气滤清器的基本结构

（一）空气滤清器的分类

空气滤清器（以下简称滤清器）一般有纸质滤清器和油浴式滤清器两种。近年来，由于纸质滤清器具有滤清效率高、质量轻、成本低、维护方便等优点，已被广泛采用。纸质滤清器的滤清效率高达 99.5% 以上，油浴式滤清器的滤清效率在正常的情况下为 95%～96%。目前轿车上广泛使用的空气滤清器是纸质滤清器，其又分为干式和湿式两种。对干式滤清器来说，一旦浸入油液或水分，滤清阻力就会急剧增大，因此清洁时切忌接触水分或油液，否则，必须更换新件。

空气滤清器的滤芯分为干式滤芯和湿式滤芯两种。干式滤芯材料为滤纸或无纺布。为了增加空气通过面积，滤芯大都加工出许多细小的褶皱。当滤芯轻度污损时，可以使用压缩空气吹净；当滤芯污损严重时，应当及时更换新芯。

湿式滤芯使用海绵状的聚氨酯类材料制造，装用时应滴加一些机油，用手揉匀，以便吸附空气中的异物。如果滤芯轻度污损，可以用清洗油进行清洗；如果过分污损，就应该更换新滤芯。

如果滤芯阻塞严重，将使进气阻力增加，发动机功率下降。同时由于空气阻力增加，也会增加吸进的汽油量，导致混合比过浓，从而使发动机运转状态变坏，增加燃料消耗，也容易产生积炭。因此，平时应该养成经常检查空气滤清器滤芯的习惯。

（二）空气滤清器对汽车性能的影响

空气滤清器是发动机系统的重要部件之一，其作用是清除流入发动机进气系统的砂粒和尘土，保养发动机的气缸、活塞及活塞环，延长发动机的使用寿命。

空气中的尘土等是内燃机气缸套、活塞、活塞环、气门和气门导管以及其他运动零件磨损的主要根源。干式空气滤清器最重要的任务就是确保给内燃机以足够的保护，以避免一定颗粒的灰尘对内燃机的磨损。

在发动机运转时，进气是断续的，会引起空气滤清器壳体内的空气振动，如果空气压力波动太大，有时会影响发动机的进气。此外，这时也将加大进气噪声。为了抑制进气噪声，可以加大空气滤清器壳体的容积，有时会在其中布置隔板，以减小谐振。

空气滤清器关系到发动机的动力性、经济性、进气噪声、柴油机的烟度。据统计显示，机动车和工程机械发动机的早期磨损与空气滤清器有关，空气滤清器的滤清效率对发动机的磨损和寿命起着决定性的作用。空气中悬浮的颗粒为灰尘，空气灰尘的主要成分是坚硬的磨料，在含灰尘量一定的状态下，发动机转速为 1 800r/min 时，会导致发动机很快磨损，发动机就会因磨损坏掉。

空气滤清器将大气中的空气过滤后，按照发动机负荷的不同向发动机提供不同量的清洁空气。负荷越大，所提供的空气越多。当空气滤清器发生阻塞、泄漏等故障时，必然引进气量与发动机负荷的不协调，从而导致发动机运转不良。一般情况下，当空气滤清器发生阻塞故障时，发动机会因为进气不畅而动力不足，直至不能运转。当发动机出现动力不足、怠速不稳、没有怠速以及怠速偏高等现象时，往往需要对空气滤清器进行检查、维护或维修，以排除因阻塞或泄漏所造成的发动机故障。

捷达汽车空气滤清器分解图如图 3－16 所示。

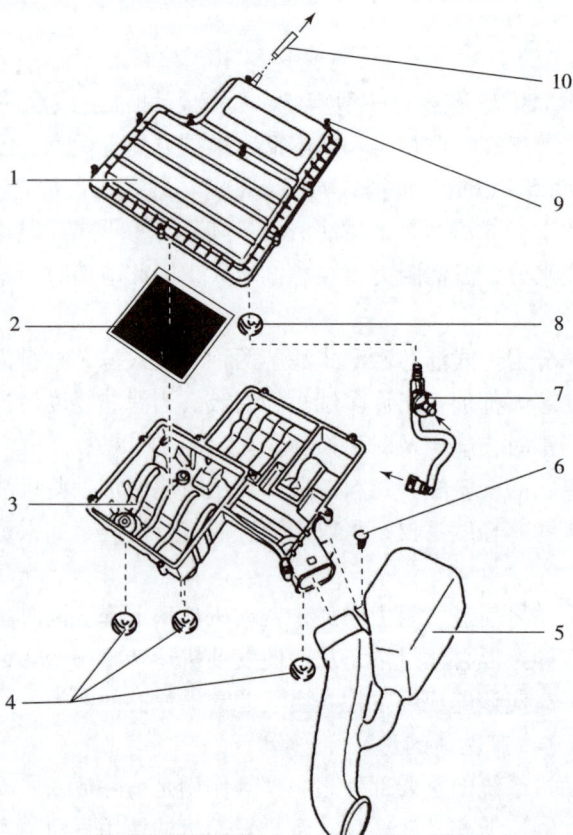

图 3－16　捷达汽车空气滤清器分解图
1—空气滤清器壳体上部件；2—空气滤清器滤芯；3—空气滤清器壳体下部件；4—橡胶衬套；5—进气导管；
6—螺钉（拧紧力矩：1.6 N·m）；7—真空管；8—密封胶套；9—螺钉（拧紧力矩：2N·m）；10—软管

（三）空气滤清器维护常识

现代汽车空气滤清器的滤芯由经过树脂处理的微孔滤纸制作，具有滤清效果好、维护方便等特点。各汽车生产厂家不同，各地区地理环境不同，空气滤清器保养的间隔也不相同。

1. 空气滤清器维护的技术要求

滤芯清洁无破损；密封良好，滤清器外壳清洁，安装紧固。

106

2. 空气滤清器滤芯灰尘污染的清洁方法

用压力不高于 0.5MPa 的压缩气从滤芯内侧开始，上下均匀地沿斜角方向吹净滤芯内外表面的灰尘。

3. 空气滤清器维护质量的检验方法

将照明灯点亮放入滤芯里面，从外部观察有无损伤、小孔等异常现象，如有异常，应更换滤芯和垫圈。

4. 空气滤清器的保养方法

现代汽车一般采用纸质空气滤清器，其保养方法如下：

（1）定期检查，正确保洁。清除滤芯上的灰尘时，应用软毛刷沿纸缝方向刷去滤芯表面灰尘，并轻轻敲击端面，使尘土脱落。

进行上述操作时，应用干净的棉布或橡皮塞堵住滤芯两端，用压缩空气机（气压不得超过 0.2~0.5MPa，以防损坏滤纸）从滤芯内向外吹气，以吹去黏附在滤芯表面上的灰尘。

（2）不要用水或柴油、汽油清洗纸质滤芯，否则，滤芯孔隙被堵塞，会增加空气阻力。

（3）当发现滤芯破损，或滤芯上、下端面翘曲不平，或橡胶密封圈老化变形、破损时，均应更换新件。

（4）安装时，要注意各结合部位的垫片或密封圈不得漏装或错装，以免阻塞空气。滤芯翼型螺母不要拧得过紧，以防压坏滤芯。

随着汽车发动机的不断改进，各种空气滤清器的结构、滤料及其组合研究也在蓬勃发展。

3.2.2 项目实施

本项目实施一汽－大众捷达轿车空气滤芯的更换。

一、项目实施目标

能够正确辨别空气滤清器的位置，同时能进行空气滤清器的拆除和更换安装工作。

空气滤芯的更换

二、项目实施准备

（1）一汽－大众捷达轿车 4 辆；安全性能良好的车辆举升设备 4 套。

（2）通用工具 1~2 套；发动机舱防护罩 4 套，"三件套"（座椅套、转向盘套、脚垫）4 套。

（3）学生必须着工装，穿工鞋。

三、项目实施步骤

每 20 000km 或两年（不同汽车的要求有所不同）应该检查和清洁一次滤芯，每 40 000km 或 4 年（不同汽车的要求有所不同）应更换一次滤芯。当车辆经常行驶在沙地或尘土飞扬的道路上时，清洁、更换滤芯的间隔就要缩短（因为它会更快阻塞）。

空气滤清器的更换步骤如下：

（一）拆卸空气滤清器

（1）拔下曲轴箱通风软管。

107

（2）拔下制动真空管。

（3）沿箭头方向向上拉出空气滤清器，如图3-17所示。

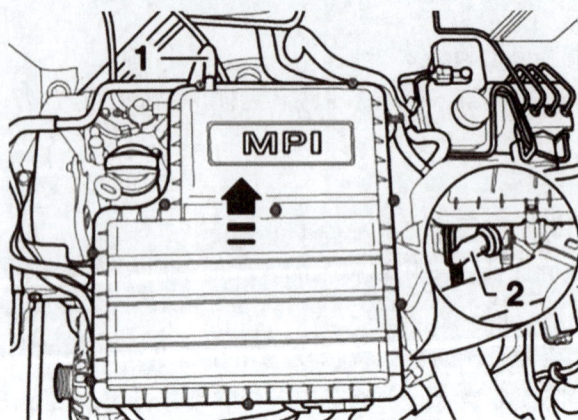

图 3-17　拆卸空气滤清器

📌 **特别提示**：空气滤清器在已分解的情况下，在将空气滤清器壳体上部件固定到空气滤清器壳体下部件上，或固定进气软管时，应尽量使用自攻螺钉。如果用电动螺丝刀松开或拧紧这些螺钉，可能会损坏空气滤清器壳体中的螺纹。

由于这一原因，在下列情况下才允许使用电动螺丝刀：

（1）电动螺丝刀转速最高 200 rpm/min。

（2）设定的拧紧力矩最大 3 N·m。

空气滤清器上的节气门连接孔（箭头 A）与支承轴销固定孔（箭头 B）的位置应分别与节气门和支承轴销相对应，如图3-18所示。

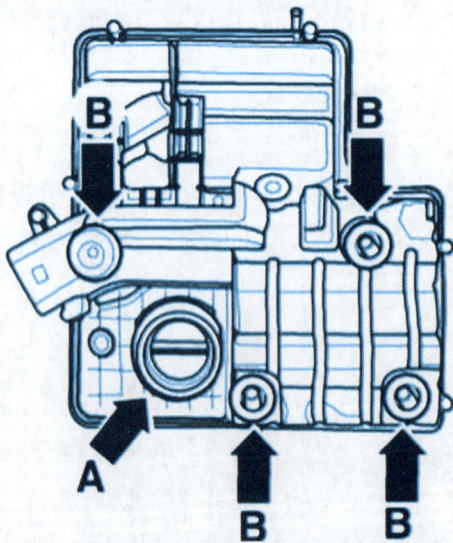

图 3-18　空气滤清器安装孔

一旦空气滤清器滤芯严重脏污或渗透，污物颗粒或湿气就会碰到部件，并造成测量值出错。由此计算出的喷油量更小，会导致功率不足。因此，关于空气滤清器，还要注意以下问题：

（1）始终使用原装空气滤清器滤芯。

（2）空气滤清器壳体必须是干净的。

（3）安装软管接头以及空气导向软管前，不得涂抹油脂和机油。

（4）装配空气导向软管时使用润滑剂（不含硅树脂的）。

（5）用标配的软管卡箍固定所有软管连接。

（6）为避免功能故障，用压缩空气排空空气滤清器壳体时，必须用一块干净的抹布盖住主要的空气导流部件，例如空气导向软管。

（7）注意废弃物处理的规定！

清洁空气滤清器壳体上部件和下部件的残留物、污物或树叶。

用压缩空气排空排水管。

（二）清洁

检查前首先要进行清洁，拆出滤芯后，用压缩空气反向吹滤芯（从内侧向外侧吹），同时清除滤清器盖内的污物。

（三）检查

检查空气滤清器滤芯中是否有灰尘、积聚微粒或者破裂。

（四）安装

检查空气滤清器滤芯上的橡胶密封圈是否良好，确保其没有裂纹或者其他损坏。安装时，按拆卸相反的顺序进行，如图 3 – 19 所示。

图 3 – 19　安装空气滤清器

3.2.3　知识能力拓展

在拖拉机和农用运输车的发动机上，都装有空气滤清器、机油滤清器和柴油滤清器，俗称"三滤器"。"三滤器"的工作好坏，直接影响发动机的工作性能和使用寿命。目前有相当多的驾驶员，不按说明书中要求的时间和规定进行"三滤器"的维护与保养，致使发动机故障频发，过早地进入检修期。

1. 空气滤清器维护与保养要点

对于空气滤清器，除了认真按使用说明书的规定时间和操作要求进行保养外，还应注意以下几点：

（1）空气滤清器的导流栅板要保持不变形、不锈蚀，其倾斜角度应为30°~45°，过小，则阻力增大，影响进气；过大，则气流旋转减弱，分离灰尘能力减小。叶片表面不得掉漆，以防氧化颗粒进入气缸。排尘口的方向应以能排出尘粒为准。

（2）要清理通气网孔；对有集尘杯的，尘粒不得超过1/3的高度，否则，应及时清除；集尘杯口密封应严密，橡皮密封条不得损坏或丢失。

（3）进气管路不得有漏气现象，换油和清洗应在无风无尘土的地方进行；吹滤网要用高压空气，在湿度低的环境中进行，吹气方向要与空气进入滤网的方向相反；安装时，相邻滤网折纹方向应相互交叉。

2. 机油滤清器维护与保养要点

机油滤清器必须按规定时间保养，保养离心式细滤器要特别注意拆洗后的安装。

（1）不应有阻卡现象。检查方法是，当把转子装上后，用手用力转动转子，放手后转子能自由转2~3圈后停止，即为合格。

（2）还可以把细滤器装在车上，起动发动机，在额定转速下运转几分钟，当油温达到70℃后熄火，这时在外壳外倾听转子仍在继续转动，如能达1.5分钟以上，即为安装合格。如果达不到上述指标，说明安装不合格，应重新装配。

（3）细滤器油面高度应符合标准规定，过高，导致机油进入气缸而积炭；过低，则降低滤清作用，使之磨损加快。

（4）细滤器中的金属网（丝），其孔眼或金属丝直径只能缩小，不能增大，装填量也不得减少，否则会降低滤清效果。

3.2.4　学习任务单

任务名称	空气滤清器的维护与保养	学生姓名		
实训场地		学时		组号
班级		日期		综合成绩
任务目标	能正确进行空气滤清器的拆卸和安装。			

一、资讯

1. 为什么要进行汽车空气滤清器的维护与保养？

2. 空气滤清器的分类有哪些？它们有什么不同？

二、计划和决策

请根据任务要求，确定所需要的设备器材和工具，并对小组成员进行合理分工，制订详细的作业计划。

1. 需要的工具和设备。

2. 小组成员分工（在练习中每位学生应充当不同任务的角色，并互换），如表3－5所示。

表3－5　人员分工

组长	
组员	
主操作	辅操作	工具管理	记录	安全监督	5S 监督

3. 根据小组成员分工情况，制订实施计划，明确完成时间，如表3－6所示。

表 3 – 6　实施计划

制订实施计划	明确完成时间

4. 作业中的安全注意事项。

三、实施

1. 准备任务所需的设备器材；
2. 实施车辆安全防护作业，小组成员轮换作业；
3. 实施空气滤清器的检查、清洗和更换作业，小组成员轮换作业；

完成所有任务后，填写表 3 – 7。

表 3 –7　空调滤清器的维护与保养项目单

序号	检查或维护步骤	备注

四、检查

1. 小组成员是否人人都能作业；
2. 小组成员是否人人都能按照规范作业；
3. 小组成员是否分工合作；
4. 小组成员是否人人都有安全意识。

五、评价

1. 根据小组完成任务的情况，对自己所做的工作进行评价，并提出改进意见。

2. 教师对学生工作情况进行点评。

3. 综合评定（见表3-8）。

表3-8 综合评定

小组自评 （30%）	小组互评 （30%）	教师评定 （40%）	综合成绩	备注

工作任务 3 燃油滤清器的维护与保养

学习目标

1. 掌握燃油滤清器更换的操作项目。
2. 能够正确处理废、气液等并符合国家相关环保要求。
3. 具有团队精神和协作精神。
4. 具有良好的心理素质和克服困难的能力。
5. 具有与客户建立良好、持久关系的能力。

6. 具有承担责任的意识。

学习要求

能力目标	知识要点	权重/%
能对汽车燃油滤清器进行更换	掌握汽车燃油滤清器更换的方法	60
能对汽车燃油滤清器进行常规检查	掌握汽车燃油滤清器易漏部件检查的方法	40

引例

服务顾问接车，发现车辆的行驶里程已经超过 60 000km，需要对车辆进行 60 000km 的保养，所以服务顾问与车间维修技师沟通安排工位，维修技师根据车辆供应商的 60 000km 保养项目内容及要求，对一汽－大众捷达轿车进行 60 000km 保养，完成后，将车辆和任务单送回给服务顾问，最终，由服务顾问将车辆交给客户。此工作任务为 60 000km 保养中的更换燃油滤清器。

3.3.1 相关知识

一、燃油滤清器的维护常识

（一）使用背景

燃油滤清器串在燃油泵和节流阀体进油口之间的管路上。燃油滤清器的作用，是把含在燃油中的氧化铁、粉尘等固体杂物除去，防止燃油系统堵塞（特别是喷油嘴），减少机械磨损，确保发动机稳定运行，提高可靠性。

燃油器的结构是由一个铝壳和一个内有不锈钢的支架组成的，在支架上装有高效滤纸片组件，滤纸片成菊花形，以增大流通面积。电喷滤清器不能与化油器的滤清器通用。因为电喷滤清器经常承受 200～300kPa 的燃油压力，因此，该滤清器的耐压强度一般要求达到 500kPa 以上，而化油器的滤清器则没有必要达到如此高的压力。燃油滤清器如图 3－20 所示。

图 3－20 燃油滤清器

（二）更换周期

燃油滤清器建议每 10 000km 更换一次，油箱内置燃油滤清器每 40 000～80 000km 更换一次。不同车型的保养周期可能会有略微的差异，具体何时需要更换保养，车主需通过"自助保养"功能了解。

大保养时，燃滤[①]一般和机油、机滤、空滤同时更换。

燃滤的拆装更换比较复杂，车主不要轻易自己动手操作，需要由特约店的专业人员操作安装。

（三）更换必要性

燃油滤清器按燃料的不同可分为汽油滤清器和柴油滤清器，家用汽车主要采用汽油滤清器，汽油滤清器又分油箱内置式和外置式两种。

车辆随着使用年龄的增长、行驶里程的增加，燃油滤清器长期工作，到达一定寿命周期，会导致汽车提速无力、油耗增高、噪声加大、操控性能降低等，所以，有必要更换。

（四）选型注意事项

（1）更换前，务必核实车型、排量等信息，以确保买到正确型号的配件。

（2）燃油滤清器在大保养时，一般和机油、机滤、空滤同时更换。

（3）要选用优质的燃油滤清器。劣质燃油滤清器往往会导致供油不畅、汽车动力不足甚至熄火。杂质没有被过滤掉，时间长了，油路和燃油喷射系统也会腐蚀受损。

（4）当感觉车速明显降低、发动机加速不良、汽车行驶无力时，就要想到燃滤可能已经堵塞了，需要及时检查更换。

3.3.2　项目实施

本项目实施一汽 - 大众捷达轿车燃油滤清器的更换。

燃油滤清器的更换

一、项目实施目标

能够正确辨别燃油滤清器的位置，同时能进行燃油滤清器的拆除和更换安装。

二、项目实施准备

（1）一汽 - 大众捷达轿车 4 辆。

（2）常用工具 4 套，安全性能良好的车辆举升设备 4 套；通用工具 1～2 套。

（3）发动机舱防护罩 4 套，三件套（座椅套、转向盘套、脚垫）4 套。

（4）学生必须着工装，穿工鞋。

三、项目实施步骤

（1）先泄压，拔掉油泵保险和油泵继电器，打着车，直到发动机自动熄火为止。

（2）将车辆举到举升机上，在右后轮旁边可以看到燃油滤清器，用工具拆下燃油滤清

---

① 燃滤是燃油滤清器的简称，同样，机滤、空滤分别为机油滤清器、空气滤清器的简称。

器保护壳，再用扳手拆下油管。

（3）更换新的燃油滤清器（注意滤清器的正反），安装管路和滤清器外壳。

（4）降下车辆，打着车试漏。

3.3.3　知识能力拓展

相信很多人都有这样一个疑问，燃油滤清器多久换一次最合适，看看车主手册上讲每60 000km才需要更换一次，有些技术人员又建议说20 000km最好就更换一次，两种截然不同的答案，似乎让车主再次陷入了两难的境地。

燃油滤清器，顾名思义，就是用来过滤汽车燃油中的杂质的，是我们常说的"三滤"之一，按燃料的不同可分为汽油滤清器和柴油滤清器，属于易损件的一种，需要定期清理及更换。一般私家车的燃油都以汽油为主，所以滤清器也就是汽油滤清器了。

众所周知，汽油是由原油经过复杂的工艺提炼而成的，再经由专门的途径运输到各个加油站点，最终输送到车的燃油箱内。在这个过程中，汽油中的杂质无可避免地会进入油箱；另外，随着使用时间的延长，杂质也会增加。这样，用于过滤燃油的滤清器就会出现脏污，附满渣滓，如此下去，过滤效果就会大大降低。所以，建议到了公里数就更换，如果不换或是延迟换，肯定影响汽车性能，导致出现油路不畅，汽车加油没劲等现象，最后慢性毁坏发动机，甚至要大修发动机。所以，要及时更换燃油滤清器。

那么，燃油滤清器的更换周期究竟怎样？

其实，燃油滤清器在正常使用情况下必须每30 000km更换一次。如果燃料杂质含量大，行驶距离应相应缩短。但一般建议每隔20 000km更换一次，具体最佳更换时机可以参考车辆使用手册说明。

通常，燃油滤清器的更换是在汽车进行大保养时进行的，与空气滤清器和机油滤清器同时更换。但在现实中，可以根据汽车发动机的情况适当延长，因为现在的汽油生产工艺水平较高，从生产到销售也比较封闭，汽油清洁了许多，燃油滤芯堵塞的情况极少出现，行驶五万六万公里也没问题。

更换燃油滤清器时切勿选择劣质燃油滤清器，因为，劣质燃油滤清器使用的滤芯材质较差，不仅过滤效果差，而且长时间在机油内浸泡，滤芯本身会有过滤层脱落，堵塞油路，致使燃油压力不足，车辆无法起动。同时还会造成燃油系统压力异常，直接导致发动机动力不足或燃烧不充分，损坏三元催化器、氧传感器等贵重部件，造成巨大的经济损失。

3.3.4　学习任务单

任务名称	燃油滤清器的维护与保养	学生姓名			
实训场地		学时		组号	
班级		日期		综合成绩	
任务目标	能正确进行燃油滤清器的更换。				

一、资讯

1. 为什么要进行汽车燃油滤清器的维护与保养?

2. 燃油滤清器的使用背景是怎样的?

二、计划和决策

请根据任务要求，确定所需要的设备器材和工具，并对小组成员进行合理分工，制订详细的作业计划。

1. 需要的工具和设备。

2. 小组成员分工（在练习中每位学生应充当不同任务的角色，并互换），如表3－9所示。

表3－9　人员分工

组长					
组员					
主操作	辅操作	工具管理	记录	安全监督	5S 监督

3. 根据小组成员分工情况，制订实施计划，明确完成时间，如表3－10所示。

表 3 – 10　实施计划

制订实施计划	明确完成时间

4. 作业中的安全注意事项。

三、实施

1. 任务所需设备器材的准备；
2. 车辆安全防护作业，小组成员轮换作业；
3. 燃油滤清器的检查与维护作业，小组成员轮换作业；
完成所有任务后，填写表 3 – 11。

表 3 – 11　燃油滤清器维护与保养项目单

序号	检查或维护步骤	备注

四、检查

1. 小组成员是否人人都能作业；
2. 小组成员是否人人都能按照规范作业；
3. 小组成员是否分工合作；
4. 小组成员是否人人都有安全意识。

五、评价

1. 根据小组完成任务的情况，对自己所做的工作进行评价，并提出改进意见。

2. 教师对学生工作情况进行点评。

3. 综合评定（见表 3 – 12）。

表 3 – 12 综合评定

小组自评 （30%）	小组互评 （30%）	教师评定 （40%）	综合成绩	备注

工作任务 4 轮胎的维护与保养

学习目标

1. 掌握轮胎的一级维护作业操作项目。
2. 掌握轮胎的二级维护作业操作项目。
3. 能够正确处理废、气液等并符合国家相关环保要求。
4. 具有团队精神和协作精神。
5. 具有良好的心理素质和克服困难的能力。

6. 具有与客户建立良好、持久关系的能力。

7. 具有承担责任的意识。

学习要求

能力目标	知识要点	权重/%
能正确对轮胎进行常规的外观检查	掌握轮胎的常规检查要点	30
能正确对轮胎进行充气	掌握轮胎的充气方法	30
能正确对整车进行轮胎换位	掌握轮胎换位的方法和步骤	40

引例

服务顾问接车，发现车辆的行驶里程已经超过 15 000km，需要对车辆进行 15 000km 的保养，所以服务顾问与车间维修技师沟通安排工位，维修技师根据车辆供应商的 15 000km 保养项目内容及要求，对一汽 - 大众捷达轿车进行 15 000km 保养，完成后，将车辆和任务单送回给服务顾问，最终，由服务顾问将车辆交给客户。此工作任务为 15 000km 保养中汽车轮胎的维护与保养。

3.4.1 相关知识

一、轮胎基本常识

(一) 结构

轮胎是一种产品，它是一种高科技的复合型产品，它包含了由 200 多种不同材料和产品所组成的大约 20 种部件，如图 3 - 21 所示；轮胎也是一种文化，它蕴含着人类的聪颖与智慧；轮胎更是一种安全，它关系着汽车时代每个人的生命安全，是每个人都必须谨慎对待的

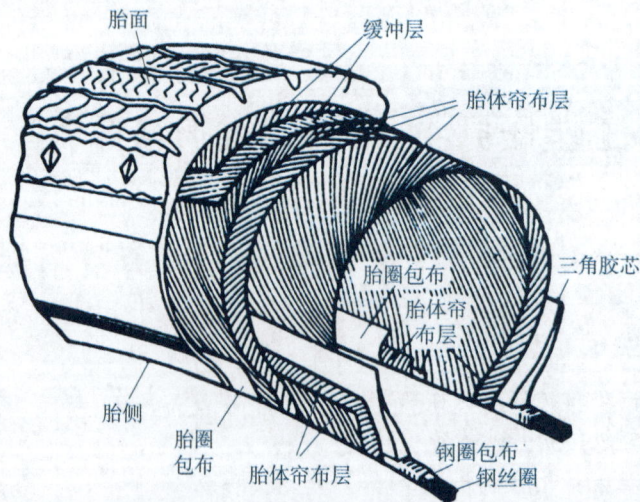

图 3 - 21　轮胎外胎断面示意图

消费品。但归根结底，轮胎是为汽车服务的。

　　轮胎是汽车上最重要的组成部件之一，它的作用主要有：支持车辆的全部重量，承受汽车的负荷；传送牵引和制动的扭力，保证车轮与路面的附着力；减轻和吸收汽车在行驶时的震动和冲击力，防止汽车零部件受到剧烈震动而过早损坏，适应车辆的高速性能并降低行驶时的噪声，保证行驶的安全性、操纵的稳定性、舒适性和节能的经济性。

　　胎面在车轮滚动时直接与路面接触，承受摩擦、刺扎，减弱来自路面的冲击和震动，防止帘布层和内胎受机械损伤和地面水分的侵蚀，保证轮胎与路面有足够的抓着力，消减来自车身的震动。胎面由耐磨橡胶制成。

　　缓冲层是位于帘布层与胎面胶之间的橡胶层或橡胶帘布层，以提高帘布层与胎面之间的黏合力，缓和胎面所受的冲击负荷对帘布层的作用力，并将驱动力、制动力和横向力均匀地分散在帘布层上，增加胎面行驶部分的帘布层强力。缓冲层一般由 2～4 层挂有厚胶层的稀帘布组成。

　　帘布层是外胎的骨架部分，用以控制充气内胎的体积和将路面对车轮的反作用力传递到轮辋上，帘布层承受轮胎工作时的绝大部分载荷。帘布层由帘布和隔离胶组成。帘布层的材料有聚酯、尼龙、钢丝以及人造丝等几种。聚酯、尼龙、钢丝制成的帘布层比较符合高强力、高弹性、密度大、粗度小、耐热性好、摩擦损失小的使用性能要求，人造丝制成的帘布层次之。

　　胎侧要求承受多次挠曲变形，一般由高强度橡胶制成。胎圈内包有 1～2 个钢丝圈，由钢丝芯、硬的三角胶、内包布、外包布组成。

（二）分类

1. 按充气压力分

1）高压轮胎

充气压力一般在 5.5kgf/cm^2 [①] 以上，刚度大，缓冲性能差，已很少采用。

2）低压轮胎

充气压力一般为 $2 \sim 5.5 \text{kgf/cm}^2$。随着帘布强度和轮胎承载能力的提高，有些轮胎的充气压力超过 5.5kgf/cm^2，但其缓冲性能与低压轮胎接近，仍属低压轮胎。

3）超低压轮胎

充气压力一般低于 2kgf/cm^2。

2. 按胎面花纹分

1）普通花纹轮胎

有纵向、横向和两向兼有的许多式样。普通横向花纹轮胎适合在较差的路面和碎石路面上使用；纵向花纹轮胎适合在较好的路面上使用；兼有纵横向花纹的轮胎适合在一般路面和较差的路面上使用。

2）越野花纹轮胎

胎面有大块花纹，适合于矿山、工地、沙漠、松土地面和雪泥路。

3）混合花纹轮胎

既适合于好路面，也适合于碎石路面和松土路面。

---

① 1kgf（千克力）=9.8N（牛顿）。

3. 按胎体结构分

1）普通结构轮胎

帘布层的帘线以交叉形式层叠胶接，胎体坚固，侧向刚性好，但缓冲性能较差。

2）子午线结构轮胎

胎体的帘线以子午线形式排列，与外胎圆周成正交，强度得到充分发挥。子午线结构轮胎比普通结构轮胎的滚动阻力小，缓冲性能好，行驶里程长。

4. 按用途分

1）乘用轮胎

这是充气压力在 $4kgf/cm^2$ 以下的低压轮胎，帘布层一般为 4～6 层，胎圈直径一般在 16 英寸（inch）[①] 以下。乘用轮胎用于轿车和轻型载货汽车。乘用轮胎正向超低压方向发展。

2）载重轮胎

这是充气压力在 $4kgf/cm^2$ 以上的低压轮胎，帘布层一般为 10～16 层，胎圈直径一般为 16～32 英寸。载重轮胎用于中型和重型载货汽车、客车和无轨电车。

（三）规格

充气轮胎尺寸代号如图 3-22 所示。D 为轮胎外径，d 为轮胎内径或轮辋直径，H 为轮胎高度，B 为轮胎宽度。目前，充气轮胎一般习惯用英制计量单位表示，我国轮胎规格标记也采用英制计量单位。

图 3-22　充气轮胎尺寸代号

D—轮胎外径；d—轮胎内径或轮辋直径；B—轮胎宽度；H—轮胎高度

1. 斜交轮胎的规格

我国和大多数国家一样，斜交轮胎的规格用 B—d 表示，载货汽车斜交轮胎和轿车斜交

[①]　1 英寸 = 2.54 厘米。

轮胎的尺寸 B 和 d 均以英寸为单位，例如 9.00—20，表示轮胎宽度为 9.00 英寸、轮胎内径为 20 英寸的斜交轮胎。

2. 子午线轮胎的规格

以上海桑塔纳 2000GSi 轿车轮胎的规格 195/60 R 14 85 H 为例进行说明。

（1）195 表示轮胎宽度 195mm，货车子午线轮胎的宽度一般以英寸为单位。

（2）60 表示扁平比为 60%，扁平比为轮胎高度 H 与宽度 B 之比，有 60、65、70、75、80 五个级别。

（3）R 表示子午线轮胎，即"Radial"的第一个字母。

（4）14 表示轮胎内径 14 英寸。

（5）85 表示荷重等级，即最大载荷质量。荷重等级为 85 的轮胎的最大载荷质量为 515kg。常见的荷重等级及对应的最大载荷质量如表 3－13 所示。

表 3－13　荷重等级及对应的最大载荷质量

荷重等级	最大载荷质量/kg	荷重等级	最大载荷质量/kg
71	345	99	775
72	355	100	800
73	365	101	825
74	375	102	250
75	387	103	875
76	400	104	900
77	412	105	925
78	425	106	950
79	437	107	975
80	450	108	1 000
81	462	109	1 030
82	475	110	1 060
83	487	111	1 095
84	500	112	1 129
85	515	113	1 164
86	530	114	1 200
87	545	115	1 237
88	560	116	1 275
89	580	117	1 315
90	600	118	1 355
91	615	119	1 397
92	630	120	1 440
93	650	121	1 485
94	670	122	1 531
95	690	126	1 578
96	710	124	1 627
97	730	125	1 677
98	750		

（6）H 表示速度等级，表明轮胎能行驶的最高车速。常见的速度等级及对应的最高车速如表 3-14 所示。

表 3-14　速度等级及对应的最高车速

速度等级	最高车速/(km·h⁻¹)	速度等级	最高车速/(km·h⁻¹)
L	120	T	190
M	130	U	200
N	140	H	210
P	150	V	240
Q	160	Z	240 以上
R	170	W	270 以下
S	180	Y	300 以下

另外，在轮胎规格前加"P"，表示轿车轮胎；在胎侧标有"REINFORCED"，表示经强化处理；"RADIAL"表示子午线胎；"TUBELESS"（或 TL）表示无内胎（真空胎）；"M+S"（Mud and Snow）表示适合于泥地和雪地；"→"表示轮胎旋向，不可装反。

3.4.2　项目实施

本项目实施轮胎的一级维护作业和二级维护作业。

一、一级维护轮胎作业项目

轮胎的维护

（1）紧固轮胎螺母，检查气门嘴是否漏气、气门帽是否齐全，如发现损坏或缺少，应立即修理或补齐。

（2）挖出轮胎中的夹石和花纹中的石子、杂物，如有较深伤洞，应用生胶填塞。特别是子午线轮胎，刺伤后若不及时修补，水气就会进入胎体，锈蚀钢丝帘线，造成早期损坏。

（3）检查轮胎磨损情况，如有不正常磨损或起鼓、变形等现象，应查找原因，予以排除。

（4）如需检查外胎内部，应拆卸解体，如有损伤，应及时修补。

（5）检查轮胎搭配和轮辋、挡圈、锁圈是否正常。

（6）检查轮胎（包括备胎）气压，并按标准补足。

特别提示：厂家一般推荐至少每月或每次长途旅行前检查一次胎压，包括备胎。

（7）检查轮胎有无与其他机件刮碰现象，备胎架是否完好、紧固，如不符合要求，应予排除。

（8）必要时（如单边偏磨严重）应进行一次轮胎换位，以保持胎面花纹磨耗均匀。

完成上述作业后，应填写维护记录。

二、二级维护轮胎作业项目

除执行一级维护的各项作业外，还应进行下列项目：

（1）拆卸轮胎，按轮胎标准测量胎面花纹磨耗、周长及断面宽的变化，作为轮胎换位和搭配的依据。

（2）轮胎解体检查：

①胎冠、胎肩、胎侧及胎内有无内伤、脱层、起鼓和变形等现象。

②内胎、垫带有无咬伤、折皱现象，气门嘴、气门芯是否完好。

③轮辋、挡圈和锁圈有无变形、锈蚀等现象，并视情况涂漆。

④轮辋螺栓承孔有无过度磨损或损裂现象。

（3）排除解体检查所发现的故障后，进行装合和充气。

（4）高速车应进行轮胎的动平衡试验。

（5）按规定进行轮胎换位。

（6）发现轮胎有不正常的磨损或损坏，应查明原因，予以排除。

完成上述作业后，应填写维护记录。

🌐 知识点：

（一）充气

（1）轮胎充气应按照该型汽车使用说明书上规定的标准气压执行，并在冷态时用气压表测量；若在热态时测量，应略高于标准气压，取适当的修正值。气压表应定期校准，以保证读数准确。

（2）轮胎装好后，先充入少量空气，待内胎充气伸展后，再继续充气至要求气压。

（3）充气前应检查气门芯与气门嘴是否配合平整，并擦净灰尘。充气后应检查是否漏气，并将气门帽装紧。

（4）充入的空气不得含有水分和油雾。

（5）充气时应注意安全防护，充气开始时，用手锤轻击锁圈，使其平稳嵌入轮辋圈槽内，以防锁圈跳出。

（二）轮胎换位

（1）按时换位可使轮胎磨损均匀，约可延长20%的使用寿命，应结合车辆二级维护的要求定期换位。在路面拱度较大的地区或夏季，轮胎磨损差别较大，可适当增加换位次数。

提示：厂家一般推荐8 000～10 000km应将轮胎换位一次。

（2）轮胎换位方法常用的有交叉换位法、循环换位法和单边换位法，如图3-23和图3-24所示。

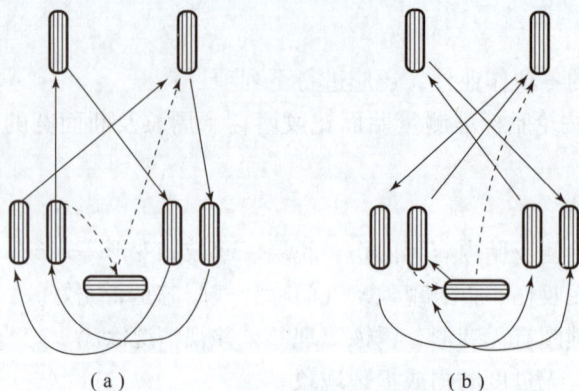

图 3 - 23　六轮二桥汽车轮胎换位法

(a) 循环换位；(b) 交叉换位

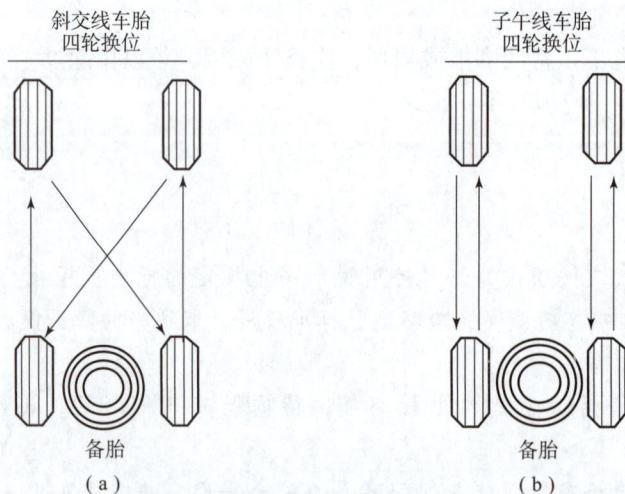

图 3 - 24　四轮二桥汽车轮胎换位法

(a) 交叉换位；(b) 单边换位

装用普通斜交轮胎的六轮二桥汽车，常用图 3 - 23 中的交叉换位法，具体做法是：左右两交叉，主胎（后内）换前胎，前胎换备胎（后外），备胎换主胎。这样，通过三次换位，每只轮胎就可轮到一次担负内档（主力）胎。

四轮二桥汽车的斜交轮胎也可采用交叉换位法，如图 3 - 24（a）所示。子午线轮胎宜用单边换位法，如图 3 - 24（b）所示。

子午线轮胎的旋转方向应始终不变。若反向旋转，会因钢丝帘线反向变形产生振动，使汽车平顺性变差。所以一些轿车使用手册推荐单边换位法。

（3）轮胎换位后，应按所换的胎位要求，重新调整气压。

（4）轮胎换位后须做好记录，下次换位仍要按上次选定的换位方法换位。

3.4.3　知识能力拓展

对于速度级别，相信很多朋友并不完全理解，这也好比两个运动员都背着一袋大米，其中第一个只能慢走，第二个却健步如飞。我们立刻断定第二个能力更强，其实轮胎也是这样。速度级别越低，当然跑得越慢，但是目前中国高速公路限速是120km/h，几乎所有轮胎都能满足。

汽车轮胎结构如图3-25所示：

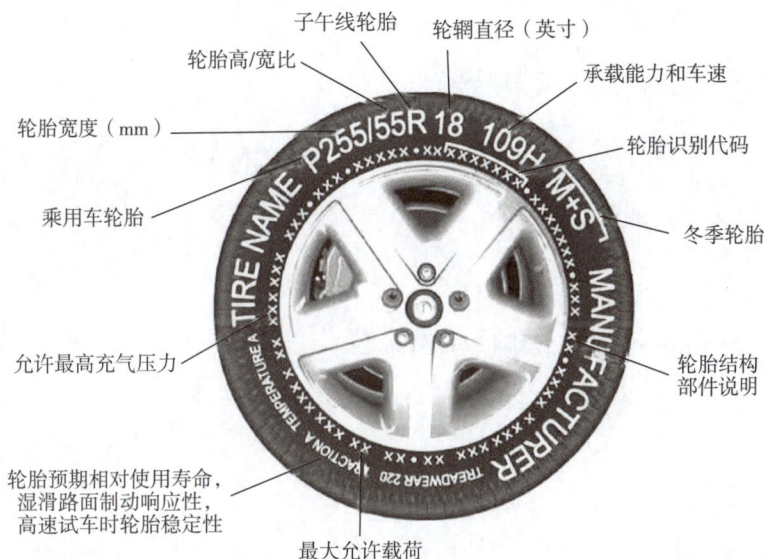

图 3-25　汽车轮胎结构

其实，汽车轮胎速度级别是一个对应于轮胎所支持的最大速度数字，从汽车轮胎结构图上人们可以看出汽车轮胎速度级别。

速度等级的概念在20世纪60年代被提出，是为了防止汽车在高速公路上被无限制地加速造成危险而提出的。如今大部分乘用车轮胎速度等级在S到Y之间，也就是说，最高可承受速度在180~300km/h。从速度等级表中可以看到，轮胎速度等级从M起，越靠后的字母，代表性能越高，而有趣是，在等级U和V之间却存在一个H，那个H代表着"Higherformance（高性能）"。

汽车轮胎速度等级指的是什么？

正规地说，轮胎速度等级表明汽车轮胎在规定的条件下所承载的最高速度。主要由字母A到Z来代表从4.8~300km/h的认证速度等级。

不超速也要用高速胎。在轮胎大小一样的前提下，轮胎速度标号的高低由轮胎结构强度、材料软硬、胎纹类型等决定，涉及导热性能、变形程度甚至膨胀程度、耐热程度等，这种性能上的差异，在高速以及极限行驶时尤为明显。即便是看似速度不高于100km/h，如果使用低标号轮胎，也会让轮胎性能明显下降，损耗增大，影响舒适性，甚至造成爆胎失控等危险。就像一台车要加97号汽油，你非要加93号，暂时看貌似没问题，但车行驶久了，就会有很多疑难杂症。

3.4.4 学习任务单

任务名称	轮胎的维护与保养	学生姓名			
实训场地		学时		组号	
班级		日期		综合成绩	
任务目标	能正确进行轮胎的一级、二级维护与保养作业。				

一、资讯

1. 为什么要进行轮胎的维护与保养？

2. 什么是轮胎的一级和二级维护与保养？

二、计划和决策

请根据任务要求，确定所需要的设备器材和工具，并对小组成员进行合理分工，制订详细的作业计划。

1. 需要的工具和设备。

2. 小组成员分工（在练习中每位学生应充当不同任务的角色，并互换），如表 3－15 所示。

表 3－15　人员分工

组长					
组员					
主操作	辅操作	工具管理	记录	安全监督	5S 监督

3. 根据小组成员分工情况，制订实施计划，明确完成时间，如表 3－16 所示。

表 3 – 16　实施计划

制订实施计划	明确完成时间

4. 作业中的安全注意事项。

三、实施

1. 任务所需设备器材的准备；
2. 车辆安全防护作业，小组成员轮换作业；
3. 轮胎的一级维护与保养作业，小组成员轮换作业；
4. 轮胎的二级维护与保养作业，小组成员轮换作业。

完成所有任务后，填写表 3 – 17。

表 3 – 17　轮胎的维护与保养项目单

序号	检查或维护步骤	备注

四、检查

1. 小组成员是否人人都能作业；
2. 小组成员是否人人都能按照规范作业；
3. 小组成员是否分工合作；
4. 小组成员是否人人都有安全意识。

五、评价

1. 根据小组完成任务的情况，对自己所做的工作进行评价，并提出改进意见。

2. 教师对学生工作情况进行点评。

3. 综合评定（见表3－18）。

表 3－18　综合评定

小组自评 （30%）	小组互评 （30%）	教师评定 （40%）	综合成绩	备注

项目四
30 000km 保养

本项目主要介绍了汽车 30 000km 维护与保养的作业范围，火花塞的维护与保养及更换，节气门的维护与保养、节气门的匹配，制动蹄片的维护与保养、制动蹄片的更换，以及制动盘的维护与保养等内容。

通过本单元的学习，学生要了解汽车 30 000km 保养的项目，掌握汽车 30 000km 保养的操作方法和步骤，以后能够适应相应的职业岗位。

工作任务 1 火花塞的维护与保养

学习目标

1. 知晓汽车 30 000km 维护与保养的作业范围。
2. 掌握火花塞的检查鉴别方法。
3. 能够正确选用合适的火花塞型号。
4. 能对火花塞进行检查更换作业。
5. 具有团队精神和协作精神。
6. 具有良好的心理素质和克服困难的能力。
7. 具有承担责任的意识。

学习要求

能力目标	知识要点	权重/%
能描述汽车 30 000km 维护与保养的作业范围	掌握汽车 30 000km 维护与保养的作业范围	20
熟知火花塞的选用规定	掌握火花塞的选用规定	20
会检测火花塞	掌握火花塞的检查方法	40
能判断火花塞的性能，并对不良部件进行更换	掌握火花塞的检查判断标准、更换操作方法	20

引例

一辆一汽－大众捷达轿车，行驶里程超过 30 000km，最近怠速不稳，加速时发动机有明显的抖动现象。需要维修技师对该车进行检查诊断，确认故障部位并进行维护与保养。

4.1.1 相关知识

一、30 000km 维护与保养的作业范围

检查的目的就是及时发现问题，并按维修手册的技术标准进行恢复；同时再次确认各部件技术状态是否良好。不同车型的保养项目有差异，现以捷达轿车的保养项目表 4－1 为例，

说明 30 000km 维护与保养的作业范围，其他车型的项目表可查阅相关维修手册。

表4–1 捷达轿车的保养项目

保养内容	7 500km 首次保养	每 15 000km 或 12 个月保养	每 30 000km 或 24 个月保养
检查清洁火花塞，必要时更换火花塞		○	○
清洁空气滤清器，必要时更换空气滤清器		○	○
清洁流水槽及左右排水孔		○	○
清洁空调滤清器，必要时更换滤芯	○	○	○
检查冷却液液面高度及冷却液防冻能力，必要时调整冷却液浓度或更换冷却液	○	○	○
检查风窗玻璃清洗液液面高度，必要时添加清洗液	○	○	○
检查制动液液面高度，必要时添加制动液		○	○
检查转向助力液液面高度，必要时添加助力液		○	○
检查 V 形带或多楔带是否损坏，如损坏，更换		○	○
检查 V 形带张紧度，必要时，调整张紧度	○	○	○
检查蓄电池电解液液面高度，必要时，添加蒸馏水	○	○	○
检查清洁蓄电池接线柱	○	○	○
更换机油及机油滤清器	○	○	○
检查等速万向节防尘套是否损坏	○	○	○
检查转向拉杆端头间隙及防尘套是否损坏	○	○	○
检查手动变速器油质及润滑油是否泄漏，必要时更换	○	○	○
检查润滑系、冷却系及燃油供给系统是否泄漏	○	○	○
检查排气系统是否泄漏或损坏		○	○
检查制动器是否泄漏或损坏	○	○	○
检查自动变速器油液面高度，必要时添加		○	○
更换燃油滤清器			○
检查四轮轴承间隙，必要时调整或更换		○	○
润滑发动机舱盖铰链及锁舌	○	○	○
润滑车门铰链及车门限位拉条	○	○	○
检查车门拉手，如开启费力，需清洁并润滑车门锁		○	○
检查制动摩擦片厚度	○	○	○
检查轮胎（包括备胎）花纹深度		○	○
检查轮胎充气压力	○	○	○
检查车轮螺栓拧紧力矩		○	○

续表

保养内容	7 500km 首次保养	每 15 000km 或 12 个月保养	每 30 000km 或 24 个月保养
查询自诊断系统故障码储存器		○	○
检查前照灯光束，必要时调整		○	○
检查喇叭、照明灯工作情况		○	○
检查安全带是否完好无损		○	○
检查调整制动器		○	○
检查风窗玻璃刮水器/清洗器工作情况		○	○
检查空调系统是否泄漏	○	○	○
检查离合器踏板行程		○	○
更换火花塞			○
更换 V 形带			○
检查车身底部防护层是否损坏			○
每 2 年按照一汽–大众标准更换制动液			
每 60 000km 更换一次自动变速器油（ATF）			
每 60 000km 更换 5 阀发动机正时皮带，检查张紧器，必要时更换			
每 80 000km 更换 2 阀发动机正时皮带，检查张紧器，必要时更换			
每 90 000km 更换柴油机正时皮带，检查张紧器，必要时更换			
每 7 500km 对柴油车柴油滤清器排水或更换柴油滤清器			
试车：检查脚、手制动器，变速器，转向，空调等功能			

二、火花塞的维护与保养

火花塞是汽油发动机点火系统的重要部件之一。发动机在运转过程中，火花塞除了承受大的电负荷外，还与高温、高压燃气直接接触，承受大的热负荷和机械负荷，且受到燃烧产物的强烈腐蚀。因此，正确使用与维护火花塞，对延长其使用寿命非常重要。

（一）火花塞的常识

1. 火花塞的种类

火花塞可以不同的分类方法分成不同的类别。按照热值高低来分，有冷型和热型；按照电极材料来分，有镍合金、银合金和铂合金等；如果更专业地来分，火花塞的类型大体上有如下几种：

1）准型火花塞

其绝缘体裙部略缩入壳体端面，侧电极在壳体端面以外，是使用最广泛的一种。

2）缘体突出型火花塞

其绝缘体裙部较长，突出于壳体端面以外。它具有吸热量大、抗污能力好等优点，且能直接受到进气的冷却而降低温度，因而也不易引起炽热点火，故热适应范围宽。

3）电极型火花塞

其电极很细，特点是火花强烈，点火能力好，在严寒季节也能保证发动机迅速可靠地起动，热范围较宽，能满足多种用途。

4）座型火花塞

其壳体和旋入螺纹制成锥形，因此不用垫圈即可保持良好的密封性能，从而缩小了火花塞体积，对发动机的设计更为有利。

5）极型火花塞

其侧电极一般为两个或两个以上，优点是点火可靠，间隙不需经常调整，故在电极容易烧蚀和火花塞间隙不能经常调节的一些汽油机上常常采用。

6）面跳火型火花塞

即沿面间隙型，它是一种最冷型的火花塞，其中心电极与壳体端面之间的间隙是同心的。

此外，为了抑制汽车点火系统对无线电的干扰，后来又生产了电阻型和屏蔽型火花塞。电阻型火花塞是在火花塞内装有 $5 \sim 10 k\Omega$ 的电阻，屏蔽型火花塞是利用金属壳体把整个火花塞屏蔽密封起来。屏蔽型火花塞不仅可以防止无线电干扰，还可用于防水、防爆的场合。

2. 绝缘性能

火花塞的绝缘体如果不起作用，高压电就会击穿绝缘体，造成无火花现象。火花塞的绝缘体必须有良好的机械性能和耐高电压、耐高温冲击、耐化学腐蚀的能力。一般其绝缘体电阻值应在 $10 M\Omega$ 以上。

3. 电极间隙

电极间隙过小时，不能释放出真正的高压电，会使燃油燃烧不充分，增加油耗量，发动机工作不正常。间隙过大，点火能量虽然增加了，但如果超过了高压线圈输出高压的余量，会造成内部短路或者断路的情况。

4. 使用寿命

火花塞的使用寿命有经济寿命及极限寿命之分。

人们往往忽略火花塞的更换时间，认为还能用就凑合着用，或选购低价、劣质的火花塞，实际上，劣质的火花塞对汽车发动机的寿命、整体性能的发挥及油耗水平影响较大。

（1）火花塞的经济寿命指汽车整体性能及油耗保持在火花塞点火性能良好时火花塞使用的公里数。

（2）火花塞的极限寿命是指火花塞使用到不能点火时的公里数。

（二）火花塞的选择与更换周期

对于火花塞的选择和更换来说，其实并没有太多所谓的窍门，主要还是要仔细，要选择与车辆发动机特性相匹配的配件，不要一味地追求某一方面的性能。

另外，不要选择与原厂配件火花塞参数差异过大的产品，原厂配套零件是经过严格、复杂的实验后确定的，性能不一定是最出众的，但一定是最稳定的，如果换装参数差异过大的火花塞，不一定得到更好的效果，甚至可能产生负面影响。

更换火花塞时，一般建议选择与原厂型号一致的火花塞，否则，会引起发动机早燃或火花塞严重积炭。

火花塞常见故障有因电极烧损、电极熔断、积炭、积油、积灰而漏电，绝缘磁体破裂而漏电，电极间隙不当等。这些故障会造成点火系统断火、缺火，使发动机运转不平稳或不能工作。从使用性能上来说，为使火花塞正常工作，运行里程达到 30 000km 后，要进行更换。

4.1.2 项目实施

本项目实施火花塞的维护与保养。

火花塞的检查与更换

一、项目实施目标

（1）能够对火花塞进行检查；

（2）能够根据检查的结果进行故障分析；

（3）能够根据保养要求对火花塞进行维护保养及更换。

二、项目实施准备

（1）一汽 – 大众捷达 NF（或老捷达）一辆；举升机一台。

（2）捷达 NF 新火花塞一组；火花塞套筒 3122B 一只；扭力扳手 V. A. G1331 一把。

（3）通用工具 1 ~ 2 套；外三件套（发动机舱防护罩）一套，内三件套（座椅套、转向盘套、脚垫）一套。

（4）捷达维修手册一份（电子版）。

（5）学生必须着工装，穿工鞋。

三、项目实施步骤

（一）检查火花塞

1. 检测火花塞的绝缘电阻

用兆欧表测量火花塞的绝缘性。其方法是把两只表针分别与火花塞的中心电极及搭铁处连接，如图 4 – 1 所示，其电阻应为 10MΩ 或更大，否则漏电或积炭过多。低于 10MΩ 的，即使无积炭、积油等不良外观状态，火花塞也应更换。

对于使用时间不长的火花塞，可以用专门的火花塞清洗装置清洗，之后再次测量电阻，不符合规定的，不能继续使用。

2. 检查火花塞的电极和工作情况

用肉眼观察可以判断出火花塞是否正常工作。火花塞电极呈褐色，说明工作正常，如图 4 – 2 所示。

3. 检测火花塞电极间隙

一汽 – 大众捷达轿车的火花塞电极间隙数据如表 4 – 2 所示，火花塞电极间隙测量方法如图 4 – 3 所示。

兆欧表

搭铁

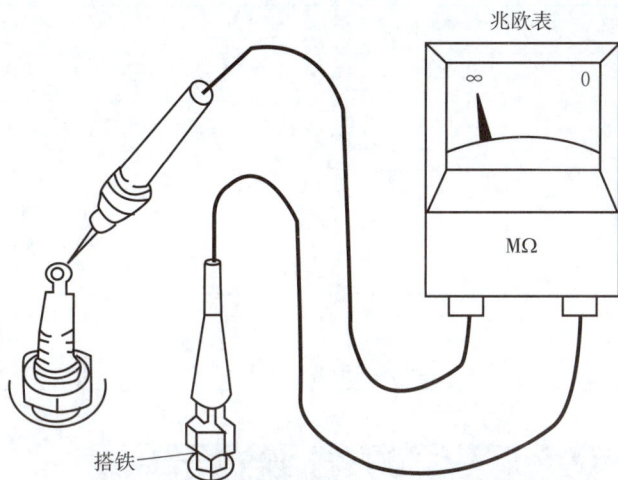

图 4-1 测量火花塞的绝缘电阻

（ a ）

（ b ）

（ c ）

（ d ）

（ e ）

（ f ）

（ g ）

（ h ）

（ i ）

图 4-2 火花塞电极颜色

（ a ）正常使用；（ b ）油污潮湿；（ c ）绝缘体破损；（ d ）过热燃烧；（ e ）铅污染；
（ f ）碳粉熏黑；（ g ）炽热燃烧；（ h ）过多积炭；（ i ）外力破坏

表 4 - 2　火花塞电极间隙数据

发动机标识字母	CKAA	CPDA
点火顺序	1 - 3 - 4 - 2	1 - 3 - 4 - 2
火花塞		
VW/Audi	04C 905 616 R1	04C 905 616 R1
生产厂家标识	BOSCH	BOSCH
电极间隙	$10_{-0.05}^{0}$ mm	$1.0_{-0.05}^{0}$ mm
拧紧力矩	22 N·m	22 N·m
更换周期	⇒保养手册；手册	⇒保养手册；手册

图 4 - 3　火花塞电极间隙测量方法

4. 清洁火花塞

如火花塞上有积炭、积油等，可用汽油或煤油、丙酮溶剂浸泡，待积炭软化后，用非金属刷刷净电极上和瓷芯与壳体空腔内的积炭，用压缩空气吹干，切不可用刀刮、用砂纸打磨或蘸汽油烧，以防损坏电极和瓷质绝缘体。

> 🔧 **特别提示**：如果电极间有油污，可先用汽油去除油后，再使用火花塞清洁器清洁。

(二) 更换火花塞

根据一汽-大众捷达轿车 03 - 2015 版维修手册的要求。对 1.4/1.6L SRE 发动机和 1.4L TSI 发动机分别介绍如下：

1. 更换 1.4/1.6L SRE 发动机火花塞

1）拆卸

（1）拆下空气滤清器。

（2）拧下带功率输出级的点火线圈和紧固螺栓 1，松开插头锁止卡，拔出插头 2，如图 4-4 所示。

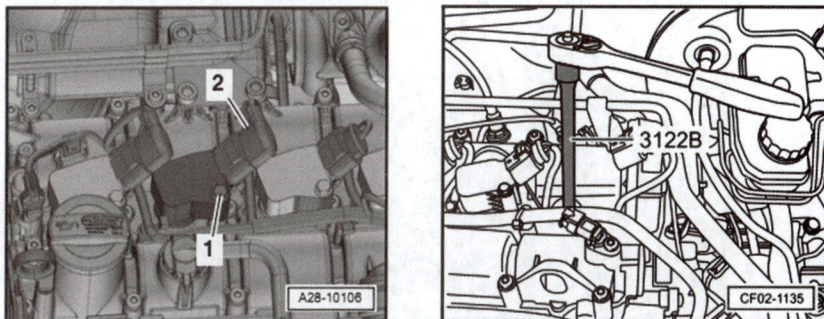

图 4-4　火花塞的拆卸

（3）取出带功率输出级的点火线圈。

（4）用火花塞扳手拧下火花塞。

（5）用毛巾盖住火花塞安装孔。

2）安装

安装按拆卸的倒序进行，但是要注意以下事项：

（1）安装新火花塞时，必须用火花塞插头润滑脂 G052141A2 润滑棒状点火线圈。

（2）在棒状点火线圈密封软管周围涂敷一层薄薄的火花塞插头润滑脂 G052141A2，润滑脂厚度必须为 1~2mm，如图 4-5 所示。

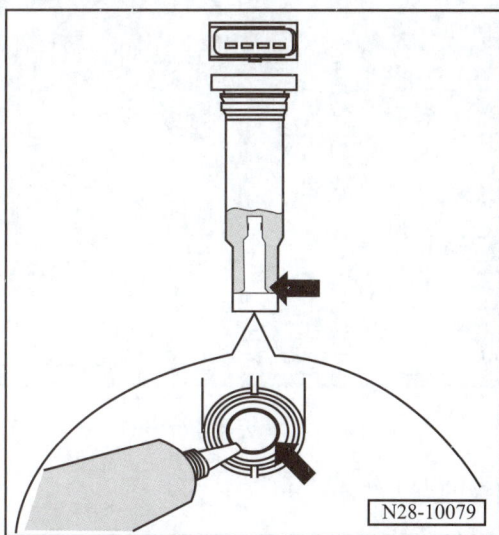

图 4-5　涂敷润滑脂

（3）火花塞扭紧力矩22N·m，点火线圈紧固螺栓扭紧力矩8 N·m。

2. 更换1.4L TSI发动机火花塞

1）拆卸

（1）松开软管卡子1和2，并拆下空气管，如图4-6所示。

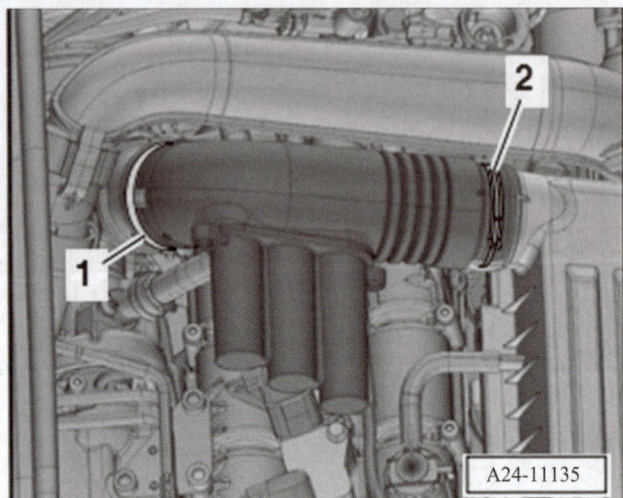

图4-6　拆卸空气管

（2）拔出电气插头2，拧下螺栓1，并拉出对应的带功率输出级的点火线圈，如图4-7所示。

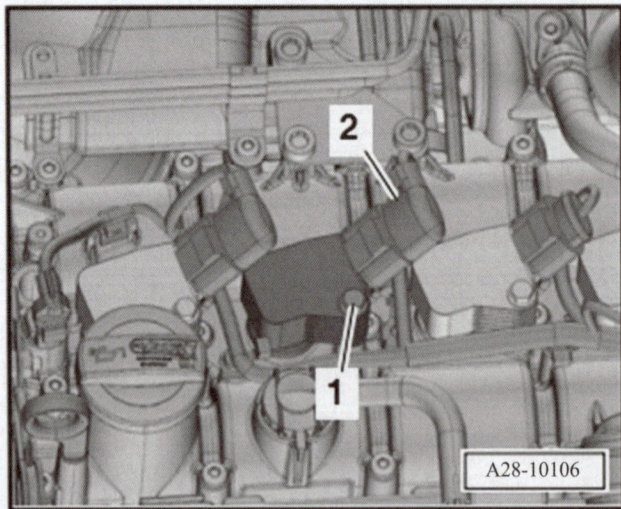

图4-7　点火线圈位置图

（3）取出带功率输出级的点火线圈。

（4）用火花塞扳手拧下火花塞。

2）安装

安装按拆卸的倒序进行，但是要注意以下事项：

（1）安装新火花塞时，必须用火花塞插头润滑脂 G052141A2 润滑棒状点火线圈。

（2）在棒状点火线圈密封软管周围涂敷一层薄薄的火花塞插头润滑脂 G052141A2，润滑脂厚度必须为 1~2mm。

（3）火花塞扭紧力矩 22N·m，点火线圈紧固螺栓扭紧力矩 8 N·m。

4.1.3 知识能力拓展

由于火花塞与发动机之间的相互关系，使日新月异的发动机技术必然促进火花塞的不断创新，各种新型的火花塞随之不断涌现。因此，了解火花塞的一些材料、结构对汽车的运行状态有重要意义。

1. 热值分为冷型和热型

火花塞的热值代表其散热快慢。数值越大，散热越快（或称为火花塞越冷），不同的发动机要求使用的火花塞不同，必须匹配。一般而言，小汽车行驶速度快，气缸内压缩比高，需用热值高（散热快）的火花塞，大车一般行驶速度慢，一般用热值低（散热慢）的火花塞。热值过高，即散热过快，易使火花塞温度过低，点火头部易产生积炭，引起击穿，使火花塞打不出火来；而热值过低，散热不够，使火花塞温度过高，会导致爆燃等，易使火花塞头部陶瓷烧损，电极容易烧蚀。

2. 中心电极材料分为普通镍合金、铂金、铱金等

贵金属具有极高的熔点，铂金熔点 2042K、铱金 2716K，加进某些元素（如铑、钯）后，具有极高的抗化学腐蚀能力。贵金属使火花塞的性能得到提高：一是电极的高抗蚀性能够保持火花塞电极间隙基本不变，使点火电压值稳定，发动机工作平稳，火花塞在使用过程中基本无须调整修正火花塞电极间隙。二是适宜于冷态起动。由于尖端放电，点火容易，提高了发动机低速工况下的性能。三是减少电极的吸热和消焰作用，增强火花能量。细小的电极使间隙周围的空间扩大，增加了混合气的可达性，使燃烧更充分，排放更低。

3. 侧电极数量分为单极、双极、三极、四极

侧电极一般分为两个或两个以上，优点是点火可靠，间隙不需经常调整，故在电极容易烧蚀和火花塞间隙不能经常调节的一些汽油机上常常采用；缺点是后期容易形成积炭，寿命短。

为抑制汽车点火系统对无线电的干扰，又产生了电阻型和屏蔽型火花塞。电阻型火花塞是在火花塞内部装有 5~10kΩ 的电阻；屏蔽型火花塞是利用金属壳体把整个火花塞屏蔽密封起来。屏蔽型火花塞不仅可以防止无线电干扰，还可以用于防水、防爆场合。

4.1.4 学习任务单

任务名称	火花塞的维护与保养	学生姓名		
实训场地		学时	组号	
班级		日期	综合成绩	

任务目标	1. 明确火花塞保养检查的内容； 2. 能够熟练配合完成火花塞的维护与保养。

一、资讯

1. 汽车 30 000km 维护与保养有哪些工作内容？

2. 火花塞的维护与保养有哪些工作内容？

3. 如何用肉眼观察判断出火花塞是否正常工作？

4. 怎样检测火花塞电极间隙？

二、计划和决策

请根据任务要求，确定所需要的设备器材和工具，并对小组成员进行合理分工，制订详细的作业计划。

1. 需要的工具和设备。

2. 小组成员分工（在练习中每位学生应充当不同任务的角色，并互换），如表 4 – 3 所示。

表 4 – 3　人员分工

组长					
组员					
主操作	辅操作	工具管理	记录	安全监督	5S 监督

3. 根据小组成员分工情况，制订实施计划，明确完成时间，如表 4 – 4 所示。

表 4 – 4　实施计划

制订实施计划	明确完成时间

4. 作业中的安全注意事项。

三、实施

1. 火花塞拆卸作业全部完成后，根据计划内容，五人一组完成火花塞的检查、维护与保养工作，并将检查结果填入表 4 –5 中。

表4-5 火花塞的检查项目单

检查顺序	检查项目	检查结果	结论及措施	备注（注意事项）
1	火花塞的绝缘电阻			
2	火花塞的电极和工作情况			
3	火花塞电极间隙			
4	清洁火花塞			

四、检查

1. 小组成员是否人人都能作业；

2. 小组成员是否人人都能按照规范作业；

3. 小组成员是否分工合作；

4. 小组成员是否人人都有安全意识。

五、评价

1. 根据小组完成任务的情况，对自己所做的工作进行评价，并提出改进意见。

2. 教师对学生工作情况进行点评。

3. 综合评定（见表4-6）。

表4-6 综合评定

小组自评 （30%）	小组互评 （30%）	教师评定 （40%）	综合成绩	备注

工作任务 2 节气门的维护与保养

学习目标

1. 知晓节气门积炭的原因。
2. 掌握节气门拆装的方法。
3. 能够完成节气门的清洗作业。
4. 能对节气门进行匹配作业。
5. 具有团队精神和协作精神。
6. 具有良好的心理素质和克服困难的能力。
7. 具有承担责任的意识。

学习要求

能力目标	知识要点	权重/%
能描述节气门积炭的原因	节气门积炭的原因	10
熟知节气门拆装方法	节气门拆装方法	20
会清洗节气门	清洗节气门的方法	40
能进行节气门匹配工作	节气门匹配的操作方法	30

引例

一辆一汽－大众捷达 1.4L 轿车，行驶里程超过 30 000km，最近急速不稳，加速时发动机有明显的抖动现象，且油耗增高。需要维修技师对该车进行检查诊断，确认故障部位并进行维护与保养。

4.2.1 相关知识

一、节气门的维护与保养

（一）节气门积炭的原因

节气门积炭如图 4-8 所示。

电喷汽油发动机使用一定的里程后，在节气门或急速稳定阀处的表面会积累很多油泥，出现急速不稳的现象，特别是打开空调、前照灯时更加明显，严重的时候，在行驶过程中还

145

图4-8 节气门积炭

可能出现熄火的现象。主要原因是发动机的曲轴箱内的废气（含有汽油蒸气）都要经过节气门或怠速稳定阀后才能进入进气歧管，然后进入气缸被燃烧掉；同时，经过空气滤清器后，空气中仍然含有少量的细微颗粒物，这部分颗粒物在经过节气门或怠速稳定阀时，极易和从曲轴箱来的废气中的汽油蒸气中的蜡和胶质物结合，附着在节气门或怠速稳定阀的表面，长此以往，越积越厚，反复受热后变硬，就形成了积炭。

（二）节气门积炭的影响

随着发动机工作时间的加长，会导致节气门正常开度时的进气量降低，进入的空气量与燃油混合所形成的混合气进入气缸后，燃烧做功产生的作用力不足以克服发动机怠速运转的阻力，此时就会出现发动机怠速转速过低、怠速抖动的故障现象。发动机电控单元在怠速时，依照节气门位置（或加速踏板位置）的传感器信号起动了怠速目标转速控制，以维持正常的怠速转速。实现目标转速控制的方法就是开大节气门或者增大怠速电机的步数，以增大进气量，使实际进气量达到与发动机本身以怠速运转阻力平衡的结果。问题就出在这个过程中，在节气门开大的同时，发动机电控单元内部程序对节气门位置补偿的信号在起作用，相当于增大了喷油补偿系数，但实际上进入的空气量可能还维持在原来的水平上，这就导致了混合气出现过浓的情况，燃烧不完全，混合气燃烧做功产生的作用力不足，转速仍旧改善不明显。因此，电脑只有继续再次增大节气门开度，使进气量进一步增大。此时，如果再存在点火不良、喷油器堵塞或滴漏的故障，就很可能导致缸内的不完全燃烧加剧，就会出现怠速时进气量信号数值大、节气门开度大、燃烧不完全的情况，使汽车油耗升高。所以，清洗节气门非常重要。

（三）清洗节气门的方法

节气门的清洗方式有两种：拆洗和免拆洗。免拆洗一般是采用"打吊瓶"的方式，在发动机运行的状态下，把清洗剂通过进气道持续喷洒进去，清洗进气道及节气门，但效果比较一般。拆洗就需要拆掉进气总成，用专门的清洗剂清洗干净节气门内部的污染物，再安装复原，清洗的效果比较彻底，但工作量较大。

清洗节气门后，必须进行初始化（节气门匹配），因为电脑在调节节气门开度的时候，是有记忆功能的，因为以前有油泥的堵塞，为了保证进气量，电脑会自动调节节气门的开度，让进气处于正常状态，导致节气门开度变大。所以，初始化可通过专用电脑解码器或手工匹配操作。

> 📖 **特别提示**：清洗后一定要复位节气门开度，不然可能造成报警灯报警，因为车的电脑已经记忆了有积炭时的开度，如果不复位，其实跟没清洗是一样的，这点要切记。

4.2.2　项目实施

本项目实施节气门的维护与保养、节气门初始化。

节气门的清洁与匹配

一、节气门的维护与保养

（一）项目实施目标

（1）能够进行节气门的检查；

（2）能够根据检查的结果进行原因分析；

（3）能够根据保养要求对节气门进行维护与保养。

（二）项目实施准备

（1）一汽–大众捷达 NF 轿车一辆；举升机一台。

（2）化油器清洗剂两瓶；通用工具 1~2 套；外三件套（发动机舱防护罩）一套，内三件套（座椅套、转向盘套、脚垫）一套；捷达维修手册一份（电子版）。

（3）无纺布一张，口罩两个，防护眼镜一副。

（4）学生必须着工装，穿工鞋。

（三）项目实施步骤

1. 拆卸空气滤清器

（1）拔下曲轴箱通风软管 1，如图 4–9 所示。

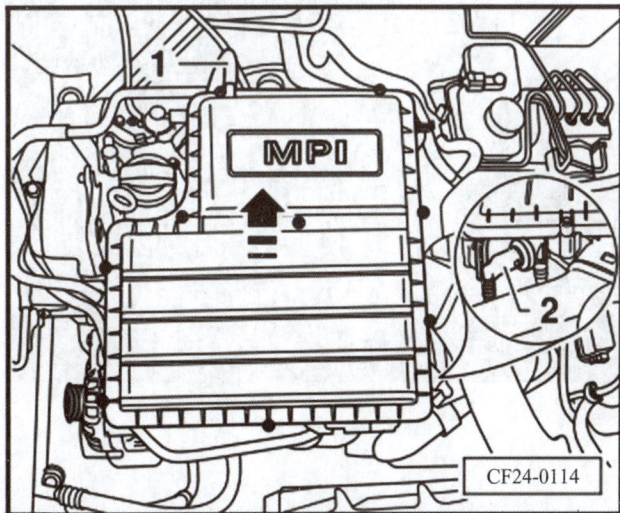

图 4–9　空气滤清器位置图

（2）拔下制动真空管 2。

（3）沿箭头方向向上拉出空气滤清器。

2. 拆卸节气门体

（1）拆下电气连接插头 3，如图 4 - 10 所示。

（2）拆下图 4 - 10 中箭头处四颗螺栓，取下节气门体。

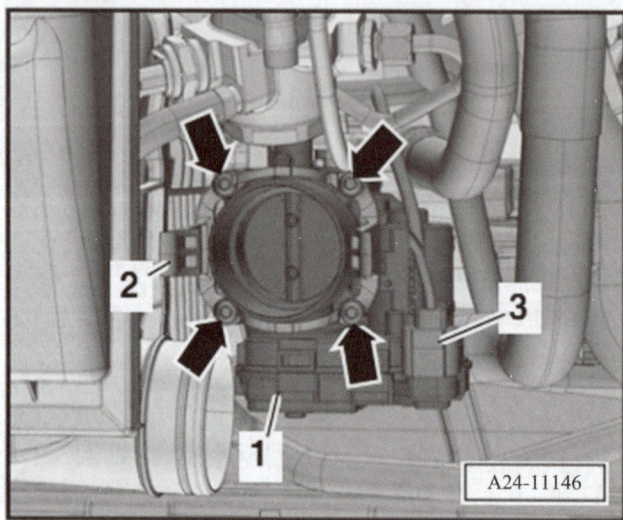

图 4 - 10　节气门体位置图

3. 用化油器清洗剂清洗节气门

清洗节气门如图 4 - 11 所示。

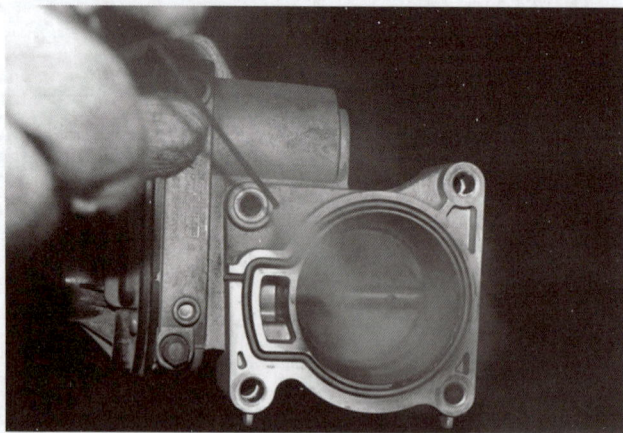

图 4 - 11　清洗节气门

> 📋 **特别提示**：此过程要戴好口罩及防护眼镜，用垃圾桶接好污物，避免污染环境。

4. 用无纺布擦拭干净

擦拭时要仔细。

5. 装配

装配按拆卸的逆顺序进行。节气门体安装螺栓扭紧力矩为 10 N·m。

二、节气门初始化（匹配）

（一）用电脑解码器匹配

使用专用或通用解码器进行匹配。

（二）手工匹配

第一种是开钥匙第二挡，就是仪表指示灯全亮的那一挡，然后等待 20 秒后，踩油门到底，保持 10 秒左右后，松油门，关闭点火开关，拔出钥匙，初始化就完成了。

第二种是开钥匙第二挡，保持 30 秒，然后关闭点火开关，拔出钥匙。

需要注意的是，两种方法做完后，都要等待一段时间，才可以试着打火，一般等待 15 ~20 秒即可，然后打火，看看加油是否正常，发动机故障灯是否熄灭，如果一次不成功，就做第二次，直到成功为止。

4.2.3　知识能力拓展

电动节气门的构成大致可分为以下几个部分：节流阀、电磁驱动器、电位计、控制器、旁通阀等。其故障特征分两类：硬故障和软故障。硬故障指机械损坏；软故障指脏污、失调等。

1. 硬故障

电位计的电阻部分是在聚酯基片上喷涂一层炭膜而形成的，这其实是一种很低级的制备工艺，耐磨度不高。

滑动触点由一排精钢制的反爪构成，炭膜上脱落的炭粉会导致接触不良，造成节气门故障。

2. 软故障

节气门易积炭，原因是大部分时间节气门开度过低。空气以很高的速度流过节气门缝隙，逐渐积累的灰尘对空气流量产生的影响超过了节气门的调节能力。

4.2.4　学习任务单

任务名称	节气门的维护与保养	学生姓名			
实训场地		学时		组号	
班级		日期		综合成绩	
任务目标	1. 明确节气门保养检查的内容； 2. 能够熟练配合完成节气门的维护与保养。				

一、资讯

1. 节气门积炭的原因是什么？

2. 清洗节气门的方法有哪些？各有什么优缺点？

3. 节气门维护与保养的操作步骤是什么？

4. 节气门清洗后怎样匹配？

二、计划和决策

请根据任务要求，确定所需要的设备器材和工具，并对小组成员进行合理分工，制订详细的作业计划。

1. 需要的工具和设备。

2. 小组成员分工（在练习中每位学生应充当不同任务的角色，并互换），如表 4 - 7 所示。

表 4 - 7　人员分工

组长					
组员					
主操作	辅操作	工具管理	记录	安全监督	5S 监督

3. 根据小组成员分工情况，制订实施计划，明确完成时间，如表 4 - 8 所示。

表 4 - 8　实施计划

制订实施计划	明确完成时间

4. 作业中的安全注意事项。

三、实施

节气门拆卸作业全部完成后，根据计划内容，五人一组完成节气门的检查、维护与保养工作，并将检查结果填入表 4 - 9 中。

表 4 - 9　节气门的检查项目单

检查顺序	检查项目	检查结果	结论及措施	备注（注意事项）
1	节气门积炭程度			
2	节气门与轴的连接及转动			
3	节气门清洗			
4	节气门匹配情况			

四、检查

1. 小组成员是否人人都能作业；
2. 小组成员是否人人都能按照规范作业；
3. 小组成员是否分工合作；
4. 小组成员是否人人都有安全意识。

五、评价

1. 根据小组完成任务的情况，对自己所做的工作进行评价，并提出改进意见。

2. 教师对学生工作情况进行点评。

3. 综合评定（见表 4 – 10）。

表 4 – 10　综合评定

小组自评 （30%）	小组互评 （30%）	教师评定 （40%）	综合成绩	备注

工作任务 3　制动蹄片的维护与保养

学习目标

1. 掌握盘式制动的检查标准。
2. 掌握制动蹄片检查的步骤。
3. 能按规定定期更换制动蹄片。
4. 具有团队精神和协作精神。
5. 具有良好的心理素质和克服困难的能力。
6. 具有承担责任的意识。

学习要求

能力目标	知识要点	权重/%
能对制动盘进行检查	制动盘检查的方法	20
能对制动钳进行检查	制动钳检查的方法	20
能按规定定期检查制动蹄片	制动蹄片检查的方法	30
能正确更换制动蹄片	制动蹄片的选用标准及更换步骤	30

引例

服务顾问接车，客户反映该车制动性能下降，发现车辆的行驶里程已经超过 30 000km，需要对车辆进行 30 000km 的保养，维修技师根据车辆供应商 30 000km 维护与保养的内容及要求，对捷达轿车进行 30 000km 维护与保养。

4.3.1 相关知识

一、盘式制动器

盘式制动器又称为碟式制动器。它由液压控制，主要零部件有制动盘、分泵、制动钳、油管等。制动盘用合金钢制造并固定在车轮上，随车轮转动。盘式制动器散热快、重量轻、构造简单、调整方便。特别是高负载时耐高温性能好，制动效果稳定，而且不怕泥水侵袭，可在冬季和恶劣路况下行车。很多轿车采用的盘式制动器有平面式制动盘、打孔式制动盘以及划线式制动盘。

在检查盘式制动器的过程中，如果发现不符合要求的部件，就需要及时更换，以免影响行车安全。盘式制动器的检查主要包括对制动盘和制动钳、制动蹄片的检查。

（一）制动盘对制动性能的影响

制动盘的工作表面有轻微的锈斑、划痕和沟槽，对制动性能的影响较小。当工作表面有严重磨损或者划痕、裂纹时，就会严重影响制动性能及行车安全。

1. 检查制动盘厚度

制动盘在使用过程中磨损，会使其厚度减小，厚度的偏差会影响制动盘的平行度，用外径千分尺在制动盘与摩擦片接触的中心位置（距离盘外缘10mm 的距离）最少3 个点等距离测量厚度，厚度的减少量不得少于标准厚度2 mm。

2. 检查制动盘端面跳动

制动盘过度的端面跳动会使制动踏板抖动或使制动衬片磨损不均匀。这项检查只有在平时行车制动过程中出现制动抖动时才进行，日常的维护与保养不需要进行此操作。大多数轿车最大跳动量不得大于 0.06 mm。

（二）检查制动钳

主要检查制动钳壳体有无损伤和严重锈蚀现象，导向装置是否磨损或变形，弹性夹的弹性是否正常，支架是否有裂纹或磨损，支架弹簧是否变形，制动块支撑有无损伤，若有上述现象，应予以更换。检查制动钳防尘罩，若有破损、裂纹、老化、变形等损伤情况，应予以更换。

（三）检查制动蹄片

一般车辆制动钳设有观察孔，可以根据车辆行驶里程检查其厚度，可以通过深度游标卡尺直接测量制动蹄片的厚度，如图 4 - 12 所示。捷达轿车制动蹄片的磨损极限是 2mm（不包括后板），达到极限必须更换，如检查发现制动蹄片有裂纹，也应更换。

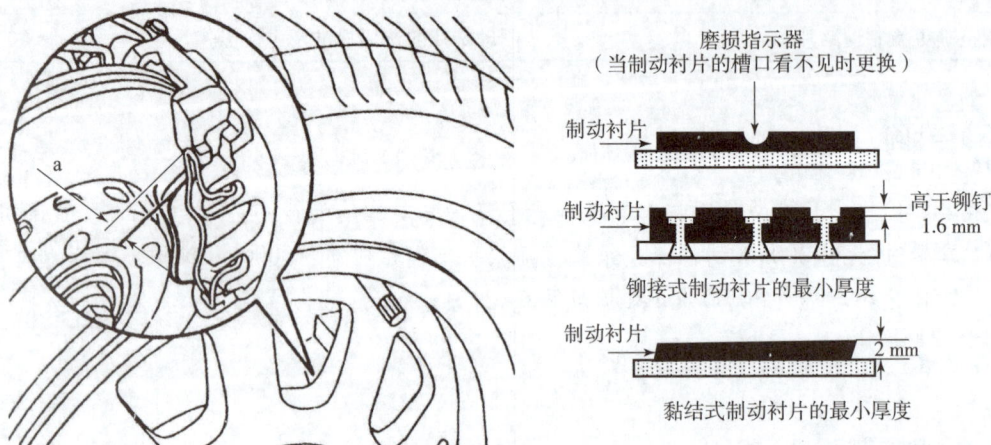

图 4 - 12　检查制动蹄片

1. 前制动蹄片

为了能更好地判断剩余蹄片的厚度，必要时需拆下车轮检查。拔下车轮螺栓罩帽或全封闭装饰罩。标记车轮上相对于制动盘的位置。拧出车轮紧固螺栓，然后取下车轮。测量内外蹄片的厚度，如果蹄片厚度（不包括背板）为 2mm，则说明制动蹄片已达到磨损极限，必须予以更换。

2. 后制动蹄片

从轮辋的开口中探入手电筒照明检查（因轮辋结构形式不同，必要时可拆下车轮进行检查），目测确定蹄片的厚度，如果蹄片厚度（不包括背板）为 2mm，则说明制动蹄片已达到磨损极限，必须予以更换。

二、选用更换制动蹄片的要求

制动蹄片俗称刹车片，简称蹄片，属于消耗品，在使用过程中会逐渐被磨损，当磨损到极限时，必须予以更换，否则将降低制动效果，甚至会造成安全事故。

（1）制动蹄片直接影响行车安全，危及生命，必须严肃对待。

（2）制动蹄片一般由铁衬板和摩擦材料两部分组成，一定不要等摩擦材料部分都磨没了，才更换蹄片。有些车辆带有制动蹄片报警功能，一旦达到了磨损极限，仪表会报警提示更换蹄片。达到了使用极限的蹄片必须更换，即使尚能使用一段时间，也会降低制动效果，影响行车安全。

（3）更换时要换原厂提供的制动蹄片备件，只有这样，才能使蹄片和制动盘之间的制动效果最好，磨损最小。

（4）更换制动蹄片时必须使用专用工具将制动分泵顶回。不能用其他撬棍硬压回，这样易导致制动钳导向螺丝弯曲，使制动蹄片卡死。

4.3.2　项目实施

本项目实施制动蹄片的维护与保养。

一、项目实施目标

（1）了解制动蹄片维护与保养的要求；

（2）能够根据检查结果进行故障分析；

（3）能够对制动蹄片进行维护与保养。

二、项目实施准备

（1）一汽 – 大众捷达 NF（或老捷达）一辆；举升机一台。

（2）扭矩扳手 V. A. G1331 或 Hazet6290 – 1CT 一把；活塞复位装置 T10145 一套；新捷达 NF 制动蹄片一套；游标卡尺两把；千分尺两把；百分表及磁力表座一套。

（3）通用工具 1～2 套；外三件套（发动机舱防护罩）一套，内三件套（座椅套、转向盘套、脚垫）一套；捷达维修手册一份（电子版）。

（4）学生必须着工装，穿工鞋。

三、项目实施步骤

（一）检查盘式制动器

1. 检查制动盘

（1）拆卸车轮。

（2）目视检查制动盘工作表面。如有锈斑、划痕和沟槽、裂纹，可用砂纸砂磨清除。当工作表面有严重磨损或者裂纹较深时，应做记录。

（3）用千分尺测量制动盘厚度并记录。

为保证测量的准确性，使用千分尺进行测量，如图 4 – 13 所示。

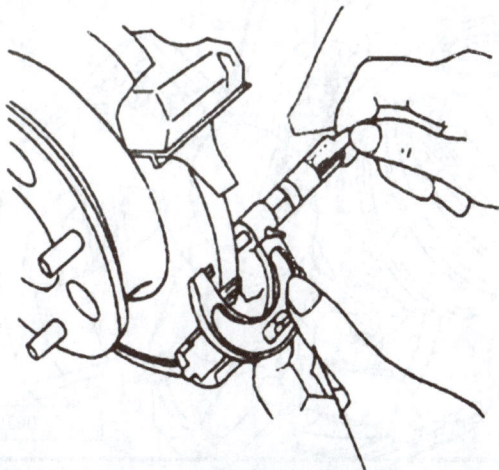

图 4 – 13　检查制动盘厚度

（4）用百分表测量制动盘端面跳动，并记录测量结果。如图 4 – 14 所示，把百分表针压在距制动盘边缘约 10mm 处，转动制动盘一周（尽量不要直接用手扳动制动盘，可以通过转动半轴等方式来转动，避免直接扳动制动盘而造成制动盘跳动量增大的问题），观察百分表。

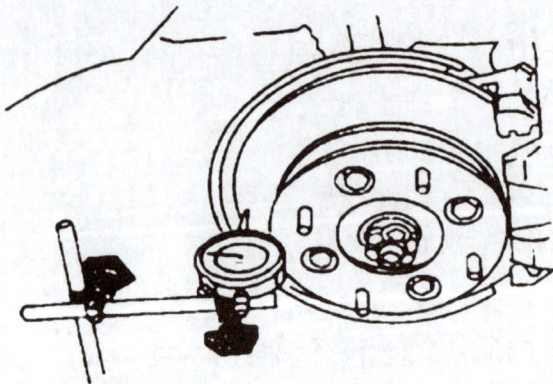

图 4 – 14　检查制动盘端面跳动

（5）根据检查结果对制动盘作出分析判断，确定是否需要更换。

2. 检查制动钳

（1）拆卸车轮。

（2）目视检查制动钳壳体有无损伤和严重锈蚀。

（3）检查弹性夹的弹性是否正常。

（4）检查支架弹簧是否变形。

（5）检查制动钳防尘罩是否有破损、裂纹、老化、变形等损伤情况。

（6）根据检查结果对制动钳的状况作出分析判断，确定是否需要更换零部件。

3. 检查制动蹄片

（1）拆卸车轮。

（2）拆下盖罩 1，如图 4 – 15 所示。

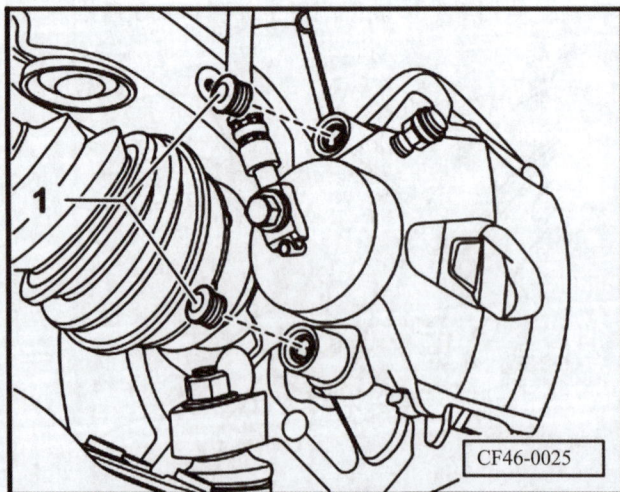

CF46-0025

图 4 – 15　制动蹄片盖罩

（3）松开两个导向销（见图 4 - 16 中箭头处），并从制动钳上取出。

图 4 - 16 导向销

（4）取下制动钳并用钢丝固定，以免因制动钳的重量使制动软管受到损坏。

（5）从制动钳上取出制动蹄片。

（6）目视检查制动蹄片是否有裂纹、烧结，磨损是否均匀，制动蹄片与背板是否有间隙或松动现象。

（7）用游标卡尺测量记录制动蹄片的厚度。

（8）根据检查结果判断制动蹄片是否需要更换。

4. 更换制动蹄片

所需要的专用工具和维修设备有扭矩扳手 V. A. G1331 或 Hazet6290 - 1CT、活塞复位装置 T10145，如图 4 - 17 所示。

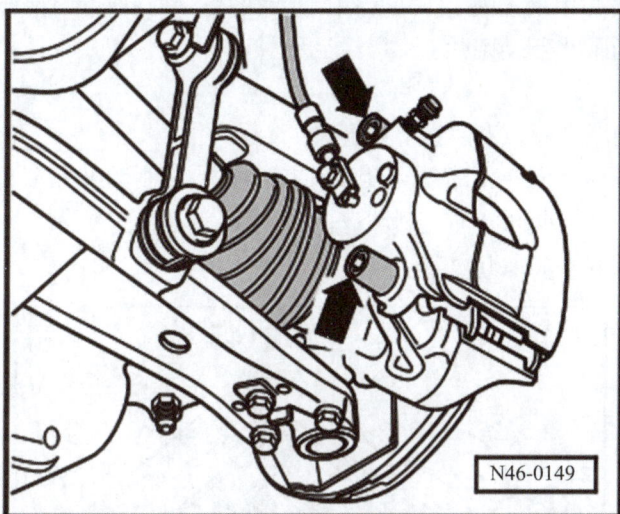

图 4 - 17 专用工具

1）制动蹄片的拆卸

（1）拆卸车轮。

（2）拆下盖罩 1。

（3）松开两个导向销，并从制动钳上取出。

（4）取下制动钳并用钢丝固定，以免因制动钳的重量使制动软管受到损坏。

（5）从制动钳上取出制动蹄片。

2）制动蹄片的安装

安装按拆卸的倒序进行，需注意下列事项：

（1）在用活塞复位装置将活塞压入制动钳前，必须从制动液储液罐内吸出制动液。否则，如果因制动蹄片磨损期间添加了制动液，制动液会溢出。

（2）使用活塞复位装置复位活塞，如图4-18所示。

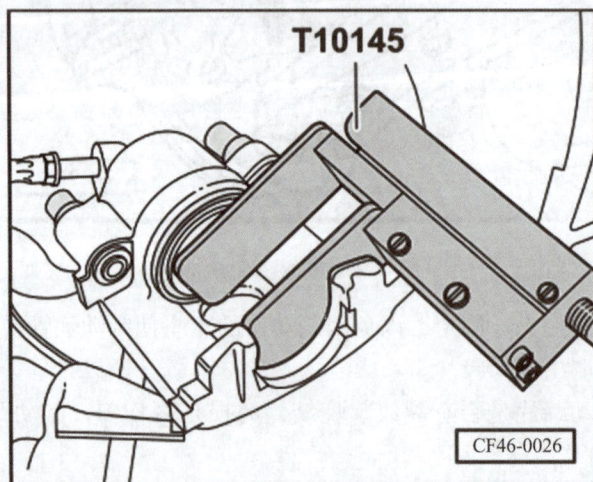

图4-18 复位制动活塞

（3）将制动蹄片装入制动钳（将背面带有"活塞侧"文字的制动蹄片一侧装入制动器活塞）。

（4）将制动钳装入制动器支架下方，使制动钳处于制动器支架之后。

（5）用导向销将制动钳拧紧在制动器支架上。拧紧力矩30N·m。

（6）装上两个盖罩。

（7）安装车轮。

> 🔖 **特别提示**：每次更换制动蹄片后，要在停车状态下多次将制动踏板用力踩到底，以便让制动蹄片进入与其运行状态相符的位置，消除制动蹄片与制动盘的间隙，更换制动蹄片后应检查制动液液位。制动蹄片更换后，需磨合200km方能达到最佳的制动效果，刚换过制动蹄片须谨慎行驶。

4.3.3　知识能力拓展

（1）现代轿车采用盘式制动器，一般情况下前制动蹄片磨损得相对较快，后制动蹄片使用的时间相对较长。在汽车的刹车系统中，刹车片是最关键的安全零件，所有刹车效果的好坏都是刹车片在起决定性作用。

刺车片主要分以下几类：石棉刺车片（基本淘汰）、半金属刺车片、少金属刺车片、NAO 配方刺车片、陶瓷刺车片、NAO 陶瓷刺车片。

（2）造成制动蹄片异常磨损的常见原因如下：

①路况差，制动使用频繁。

②制动蹄片质量差。

③不良的驾驶习惯。

④驻车制动调整过紧。

⑤制动管路故障及制动分泵活塞不回位。

4.3.4　学习任务单

任务名称	制动蹄片的维护与保养	学生姓名			
实训场地		学时		组号	
班级		日期		综合成绩	
任务目标	1. 能够明确制动蹄片检查、维护与保养的内容； 2. 能够熟练配合完成制动蹄片维护与保养的作业。				

一、资讯

1. 盘式制动器维护与保养的内容有哪些？

2. 怎样检查制动盘？

3. 怎样检查制动钳？

4. 怎样检查、更换制动蹄片？

二、计划和决策

请根据任务要求，确定所需要的设备器材和工具，并对小组成员进行合理分工，制订详细的作业计划。

1. 需要的工具和设备。

2. 小组成员分工（在练习中每位学生应充当不同任务的角色，并互换），如表 4 – 11 所示。

表 4 – 11　人员分工

组长					
组员					
主操作	辅操作	工具管理	记录	安全监督	5S 监督

3. 根据小组成员分工情况，制订实施计划，明确完成时间，如表 4 – 12 所示。

表 4 – 12　实施计划

制订实施计划	明确完成时间

4. 作业中的安全注意事项。

三、实施

1. 车轮拆卸作业完成后，根据计划内容，五人一组完成制动盘、制动钳及制动蹄片的检查、维护与保养工作，并将检查结果填入表4－13中。

表4－13　制动器的检查项目单

检查顺序	检查项目	检查结果	结论及措施	备注（注意事项）
1	制动盘厚度			
2	制动盘端面跳动			
3	制动钳工作情况			
4	制动蹄片表面			
5	制动蹄片厚度			

四、检查

1. 小组成员是否人人都能作业；
2. 小组成员是否人人都能按照规范作业；
3. 小组成员是否分工合作；
4. 小组成员是否人人都有安全意识。

五、评价

1. 根据小组完成任务的情况，对自己所做的工作进行评价，并提出改进意见。

2. 教师对学生工作情况进行点评。

3. 综合评定（见表4－14）。

表4－14　综合评定

小组自评（30%）	小组互评（30%）	教师评定（40%）	综合成绩	备注

项目五
60 000km 保养

本项目主要介绍了汽车制动液的更换、变速器油的更换、冷却液的更换、转向助力液的更换、正时皮带与皮带张紧器的更换以及发动机气门间隙的检查与调整。

通过本单元的学习，学生要了解汽车 60 000km 保养的项目，掌握汽车 60 000km 保养的操作方法和步骤，毕业以后能够适应相应的职业岗位。

工作任务 1 制动液的维护与保养

学习目标

1. 掌握单人制动液更换的操作项目。
2. 掌握双人制动液更换的操作项目。
3. 能够正确选用合适的制动液。
4. 具有团队精神和协作精神。
5. 具有良好的心理素质和克服困难的能力。
6. 具有承担责任的意识。

学习要求

能力目标	知识要点	权重/%
掌握单人制动液更换①的操作项目	单人制动液更换的操作方法	40
掌握双人制动液更换的操作项目	双人制动液更换的操作方法	40
能够正确选用合适的制动液	制动液的选用标准	20

引例

　　服务顾问接车，发现车辆的行驶里程已经超过 60 000km，需要对车辆进行 60 000km 的保养，所以服务顾问与车间维修技师沟通安排工位，维修技师根据车辆供应商的 60 000km 保养项目内容及要求，对一汽－大众捷达轿车进行 60 000km 保养，完成后，将车辆和任务单送回给服务顾问，最终，由服务顾问将车辆交给客户。此工作任务为 60 000km 保养中的更换制动液。

5.1.1 相关知识

一、制动液的选用

（一）制动液的性能

　　汽车制动液，又叫刹车油，是用于汽车液压制动系统传递压力、制止车轮转动的介质。

---

①　单人制动液更换即单人更换制动液，以下双人制动液更换即双人更换制动液。

它在液压制动系统中，能使各种类型的汽车在酷暑或严寒的季节以及高速、重负荷、大功率、频繁制动的条件下，保持制动灵活、有效、可靠及安全行驶。为此，要求制动液具有如下性能：

（1）在工作环境温度发生变化时，制动液的性质不会发生明显的物理化学变化。

（2）与系统的橡胶配件接触，橡胶配件不产生软化、溶胀、溶解、团化和紧缩现象。

（3）不腐蚀制动系统的各种金属零部件。

（4）有适宜的黏度，在低温下也有良好的流动性。

（二）选用制动液应注意的事项

选用制动液应注意的事项如下：

（1）所选制动液的质量等级不能低于车辆制造厂规定的等级。

（2）制动液产品类型应与车辆制造厂规定的类型一致。

（3）尽量选用由知名厂家生产的、性能稳定、质量可靠的制动液。

（4）合成型制动液型号很多，颜色各异，选用时必须注意其质量指标中的温度范围、常温和低温下的黏度、透明度是否符合标准，有无沉淀和异味。

（5）不同类型的制动液由于成分不同，混合后可能发生反应、分层或沉淀，堵塞制动系统，以致其失去作用，通常不允许混用。

（6）制动液都是由有机溶剂制成的，它易挥发、易燃，灌装和保存时应远离火源，防止日晒雨淋，用后把瓶盖紧，防止吸水变质。

二、制动液的更换

（一）单人制动液更换操作

（1）车下制动液更换的顺序为右后轮—左后轮—右前轮—左前轮。

（2）将制动液更换器一端与压缩空气机相接，另一端与制动分泵排气塞（排放塞、放气阀）相接。

（3）打开制动液更换器开关，使更换器内部产生真空，再拧松放气塞 1/4 圈，吸出分泵内的旧制动液，当观察到吸出的制动液为新加入液体时，拧紧制动分泵排气塞，如图 5 - 1 所示。

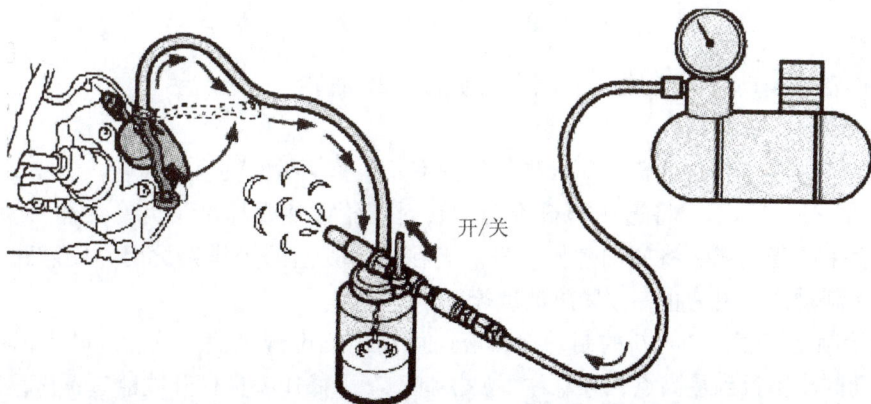

开/关

图 5 - 1　制动液更换

> 🛠 **特别提示：**
>
> （1）在更换制动液的过程中，应及时添加储液罐内的制动液，以免储液罐液面过低。
>
> （2）所有制动液更换完毕后，将储液罐内制动液液面调整到最高刻度线位置，拧上储液罐盖，用布清理溅出的制动液。
>
> （3）再次检查制动分泵排气塞是否拧紧，清理排气塞周围溅出的制动液，安装排气塞帽。
>
> （4）检查制动踏板能不能完全被踩下，以确保有足够的制动余量。

（二）双人制动液更换操作

1. 准备工作

（1）换制动液前拔掉保险座上第 20 号保险，使刹车灯在踩动制动踏板时不亮，延长刹车灯的使用寿命。

（2）准备一根内径为 6mm 左右、长度为 50cm 的透明塑料软管，将软管一头插在放油螺栓放油口上，另一头伸入一个有刻度标记的塑料瓶中，避免废油飞溅，并观察放出的油量，如图 5-2 所示。

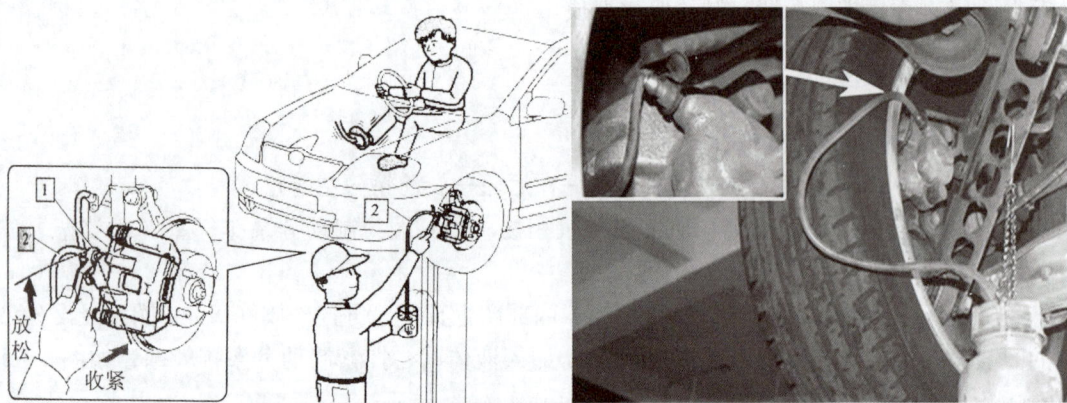

图 5-2　制动液更换

（3）准备新制动液 1~2 瓶，若原厂制动液为 2L 瓶装，一瓶就够了。

2. 更换步骤

（1）拧开制动液壶加油盖，一人坐入驾驶室并将车辆举起到合适高度。

（2）另一人在车下，将透明塑料管套在右后车轮放油螺栓上，另一头伸入塑料瓶中。并用油管扳手或普通扳手将放油螺栓拧松。坐在主驾驶座的操作人员用力反复踩动制动踏板，直到无制动液流出为止，拧紧放油螺栓。

（3）给制动液壶内加入新的制动液，液面可高出刻度规定值，然后驾驶室内的工作人员反复踩动制动踏板到最高点，并踩住不要松脚，车下操作人员松开放油口螺栓，待制动液流完后，拧紧放油螺栓，并通知驾驶室的工作人员松脚，重复刚才的动作。直到放油口流出清亮的新的制动液并无气泡时，再拧紧放油螺栓。注意看制动液壶中制动液的液面高度，不够时须添加。

（4）用此方法，分别对其他车轮进行第三步的操作，直到油管流出清亮的新的制动液且无气泡时，再结束放油。

（5）更换制动液的顺序应由远及近，就是先从刹车管路的最远端开始，先后轮，后前轮，即车下制动液更换的顺序为右后轮—左后轮—右前轮—左前轮。

（6）四个车轮的制动液更换完毕后，进行路试，若发现刹车软、不灵敏，请重复第三步的操作，对车轮进行放气，放气顺序按照第五步进行。注意制动液壶中制动液的液面高度，换油或排气完成后，应检查补加。

> 👉 **特别提示**：该项目操作需两人配合完成，两人之间必须动作协调一致！

5.1.2　项目实施

本项目实施一汽－大众捷达轿车制动液的更换。

一、项目实施目标

能够正确选用合适的制动液，同时进行制动液的更换。

制动液的更换

二、项目实施准备

（1）一汽－大众捷达一辆；常用工具 1 套，安全性能良好的车辆举升设备 1 套。

（2）制动液 2 桶（约 1L/桶），制动液吸出专用工具 1 个；举升机一台；通用工具 1 ~ 2 套。

（3）发动机舱防护罩一套；三件套（座椅套、转向盘套、脚垫）一套。

（4）学生必须着工装，穿工鞋。

三、项目实施步骤

（一）更换制动液的必要性

汽车使用的制动液多为醇醚类化合物或酯类油，由于其具有一定的吸湿性，在使用一段时间后，会吸收来自空气中的水分。吸入水分的制动液，在反复制动的分泵和管路内受热产生汽化，形成气体。气体在制动系统管路内容易产生气阻，影响制动系统管路内液压力的传递，使制动片的制动力不足，易使汽车产生制动距离过长或制动失灵，因此应定期更换制动液。一般规定制动液的使用期限为 2 年。

因为制动液对汽车漆膜有溶解作用，所以更换制动液时应特别注意，如果沾染了制动液，要立即清洗干净。

（二）更换步骤

1. 传统更换方法

（1）排空旧制动液。起动发动机并保持其怠速运转。拧下制动液储液罐的加油盖。在

分泵放气螺钉上套上一根透明塑料管，将管的另一端放入一个装有制动液的容器内，拧松放气阀，连续踩下制动踏板，直到制动液不再流出为止，拧紧放气阀。然后给储液罐内加入足量的同种制动液。

（2）排放液压管路内的空气。排气时，应先用专用真空泵对各个分泵打开放气阀进行抽取，直到新的制动液流出。按由远至近对角（即按右后轮—左前轮—左后轮—右前轮）的原则，按制动管路的分布情况对各制动分泵进行放气。放气作业由二人配合进行，一个人在驾驶室内连续踩动制动踏板，使踏板位置升高并保持踩下踏板不动。此时在车下的另一个人拧松放气阀，使管路中的空气和制动液一同排出。当踏板位置降低时，立即拧紧制动分泵放气阀。如此反复多次，直到塑料管内没有气泡排出为止。拧紧放气阀并装好防尘套。按上述方法依次对其他制动分泵进行放气。在排气时应一边排除空气，一边检查和补充制动液，以免空气重新进入制动管路，直到空气完全排放干净为止，将储液罐的制动液补充到规定位置。

2. 使用专用换油机更换制动液

此处不详述。

3. 更换后的必要检查

试车检查制动性能，同时检查各部位有无漏油现象。如在检查过程中发现制动踏板发软，则表明制动系统内的空气没有完全排净，需要重新进行排气作业。

> 📱 **特别提示：**
>
> 在进行排气作业或检查补充制动液后，应注意拧紧储液罐盖，尽量缩短制动液接触空气的时间，以防制动液接触空气，吸收空气中的水分，降低制动液性能。补充制动液时，液量不得超过上限（MAX）刻线。制动液不能与其他品种混用。

5.1.3　知识能力拓展

说起制动液，大部分车主未必知晓，汽车制动液又称刹车油，是用于汽车液压制动系统中传递压力的液体。这样就能明白，制动液的优劣可直接影响刹车的可靠程度，所以选择制动液关系车主的生命安全，千万不可大意。

1. 制动液级别越高越好

国家标准行业协会有关"制动液国家标准"有如下描述：2004年1月，我国实施与国际通用标准接轨的国家强制产品标准 GB 12981—2003《机动车辆制动液》。按照 GB 12981—2003《机动车辆制动液》，人们将制动液分为 HZY3、HZY4、HZY5。分别对应国际上的 DOT3、DOT4、DOT5。制动液级别越高，安全保障性越好，一般情况下，微型、中低档汽车适宜选取符合 HZY3 标准的制动液，而中高档车建议选择 HZY4 标准的制动液。当然，微型、中低档汽车选择 HZY4 更好。

2. 制动液与生命息息相关

据相关研究员介绍，制动液的质量优劣直接关系到车辆行驶的安全性。2005年我国有近10万人不幸丧生于各类交通事故，其中车辆制动不灵、刹车失效是其重要因素之一。正因为如此，世界各国历来十分重视对制动液的监管，西方发达国家更是将其纳入道路安全法规范畴予以控制。在我国，制动液则实行国家工业产品生产许可证管理。西方发达国家对制动液的质量标准规定得很苛刻，并不是有人想简单调配就能达到的。

国内市场上很多低价劣质制动液都标明符合 DOT3 标准，其实产品质量并不合格。

3. 制动液两年必须换

制动液具有吸水特性，长时间不更换，会腐蚀制动系统，给行车带来隐患。有关人士建议车主，制动液一般两年或者40 000km 必须强制性更换一次。

真正合格达标的制动液有几个特性，即在高温、严寒、高速、湿热等工况条件下能保证灵活传递制动力；对刹车系统的金属和非金属材料没有腐蚀性；能够有效润滑刹车系统的运动部件，延长刹车分泵和皮碗的使用寿命。如果车主自己不会选择制动液，建议去正规的4S 店做更换，那里相对有保障。

5.1.4 学习任务单

任务名称	制动液的更换	学生姓名			
实训场地		学时		组号	
班级		日期		综合成绩	
任务目标	1. 掌握单人制动液更换的操作项目。 2. 掌握双人制动液更换的操作项目。 3. 能够正确选用合适的制动液。				

一、资讯

1. 制动液的选用标准及更换注意事项有哪些?

2. 制动液的更换有哪些步骤?

二、计划和决策

请根据任务要求，确定所需要的设备器材和工具，并对小组成员进行合理分工，制订详细的作业计划。

1. 需要的工具和设备。

2. 小组成员分工（在练习中每位学生应充当不同任务的角色，并互换），如表 5 – 1 所示。

表 5 – 1　人员分工

组长					
组员					
主操作	辅操作	工具管理	记录	安全监督	5S 监督

3. 根据小组成员分工情况，制订实施计划，明确完成时间，如表 5 – 2 所示。

表 5 – 2　实施计划

制订实施计划	明确完成时间

4. 作业中的安全注意事项。

三、实施

制动液更换作业全部完成后，根据实际操作内容完成表5-3。

表5-3 制动液更换项目单

更换项目	质量要求	检查结果	备注（注意事项）
制动液	制动距离		
	有无系统泄漏	有□/无□	
	加注量	合格□/不合格□	

四、检查

1. 小组成员是否人人都能作业；

2. 小组成员是否人人都能按照规范作业；

3. 小组成员是否分工合作；

4. 小组成员是否人人都有安全意识。

五、评价

1. 根据小组完成任务的情况，对自己所做的工作进行评价，并提出改进意见。

2. 教师对学生工作情况进行点评。

3. 综合评定（见表5-4）。

表5-4 综合评定

小组自评（30%）	小组互评（30%）	教师评定（40%）	综合成绩	备注

工作任务 **2** 变速器的维护与保养

学习目标

1. 掌握变速器齿轮油液位检查的操作项目以及变速器齿轮油的选用标准。
2. 掌握变速器齿轮油的基本检查步骤。
3. 能按规定定期更换自动变速器齿轮油（ATF）。
4. 具有团队精神和协作精神。
5. 具有良好的心理素质和克服困难的能力。
6. 具有承担责任的意识。

学习要求

能力目标	知识要点	权重/%
能对变速器齿轮油液位进行检查	变速器齿轮油液位检查的方法	30
能对变速器齿轮油油质进行检查	变速器齿轮油油质的基本检查步骤	20
能按规定定期更换变速器齿轮油（ATF）	变速器齿轮油的更换方法及步骤	30
能正确选用变速器齿轮油	变速器齿轮油的选用标准	20

引例

　　服务顾问接车，发现车辆的行驶里程已经超过 60 000km，需要对车辆进行 60 000km 的保养，所以服务顾问与车间维修技师沟通安排工位，维修技师根据车辆供应商的 60 000km保养项目内容及要求，对一汽－大众捷达轿车进行 60 000km 保养，完成后，将车辆和任务单送回给服务顾问，最终，由服务顾问将车辆交给客户。此工作任务为 60 000km 保养中的更换变速器齿轮油。

5.2.1　相关知识

一、变速器齿轮油的检查与变速器齿轮油的选用

（一）变速器齿轮油的检查

1. 手动变速器齿轮油的检查[①]

（1）将车辆举升至最高位置。

---

① 此处检查包括对变速器齿轮油液位及油质的检查。

（2）清除加油口周围的污渍，拧下加油塞，要求齿轮油液面与加油口下边缘齐平，或将手指插入加油口，能探到油面为准。

（3）取出少许齿轮油，观察油液是否颜色变深、浑浊，是否有金属屑等；闻一闻气味，要求齿轮油不得有烧焦的异味。

（4）按规定力矩拧紧加油螺塞。

2. 手动变速器齿轮油的检查

（1）发动机暖机运行，使自动传动桥油温预热到70℃～80℃，踩下制动踏板，将变速杆操纵手柄从"P""R""N""D""2"到"1"运行后，再将操纵手柄推至"P"位置，每个挡位至少停顿2秒以上，以便让油液充分循环，如图5-3所示。

（2）检查自动变速器齿轮油液位，液位应在规定值范围内。

（a）

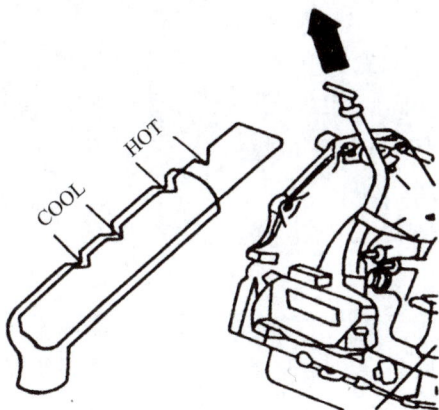

（b）

图5-3　变速器齿轮油的检查

（二）变速器齿轮油的选用

1. 手动变速器齿轮油牌号及规格

手动变速器齿轮油的选用需根据使用性能和黏度等级两个重要参数进行选择。

1）齿轮油的使用性能

美国石油学会（简称 API）将齿轮油按使用性能分为 GL-1、GL-2、GL-3、GL-4、GL-5 和 GL-6 六类。其性能水平顺序逐级提高。其中，使用较多的是 GL-4 和 GL-5 两类。如图 5-4 所示。目前国内轿车多采用 GL-4 和 GL-5 的齿轮油。

图 5-4　变速器齿轮油

齿轮油按 SAE（美国机动车工程师学会）对黏度的要求分为 75W、80W、85W、90W 和 140W 等，分别适用于最低气温为 -40℃、-20℃、-12℃、-10℃、10℃ 的地区。号数越大，黏度越高。在汽车中实际使用的齿轮油为多黏度级别齿轮油，即一年四季通用型，常用的有 75W/90、80W/90、85W/90 等几种型号。

2. 自动变速器齿轮油牌号及规格

因为变速器使用的润滑油是齿轮油，所以，自动变速器齿轮油又叫自动变动器润滑油。自动变速器润滑油也叫 ATF。

自动变速器齿轮油不同于普通齿轮油，除了要具备普通齿轮油的优点外，还要兼具液力传动和静液传动的作用。因此，自动变速器齿轮油与手动变速器齿轮油不能混用，为把自动变速器齿轮油与普通齿轮油区分开来，自动变速器齿轮油一般都掺有红色的添加剂。只有大众公司专用的 ATF 为黄色。

由于液力传动油与自动变速器齿轮油分类规格比较复杂，在美国，此类油品主要由各大汽车公司或相关设备公司制定自己的专用规格。针对品牌汽车，就要选用不同汽车生产厂商所规定的油品规格标准及型号。

我国的液力传动油与总动变速器齿轮油的质量执行企业标准 Q/SYRH 2049—2001。该标准规定的产品是中国石油润滑油公司以矿物油、加氢油、半合成油或合成油为基础油，加入多种添加剂调制的液力传动油与自动变速器齿轮油，适用于各种高级轿车和轻型卡车，也可用于大型装载机变速传动箱、动力转向系统、农用机械的分动箱、液力耦合器、液力变矩器、功率调节泵、手动齿轮箱和动力转向器的工作介质，产品按质量分为ⅡD、ⅡE 和Ⅲ三个等级。

二、变速器齿轮油的更换

（一）手动变速器齿轮油的更换

（1）将车辆举升至最高位置。

（2）拧下加油螺塞，再拆下放油螺塞，用废油收集器收集齿轮油。

（3）检查放油螺塞上是否吸附金属屑，如果有金属屑，清理后将螺栓按规定力矩拧紧。

（4）用齿轮油加注器将齿轮油加注到与加油口齐平位置。如图 5 – 5 所示。

图 5 – 5　手动变速器齿轮油的更换

（二）自动变速器齿轮油的更换

（1）将车辆举升至最高位置，将自动变速器放液螺塞拧下，放出油液后，再将放液螺塞拧紧。

（2）将车辆下降至低位后，将自动变速器齿轮油按标尺加注到规定位置，然后起动车辆并预热自动变速器齿轮油 10min 左右，期间不断变换换挡手柄位置，使齿轮油得到充分循环。

（3）放出自动变速器齿轮油，然后再加入新的油液，如此反复 2 ~ 3 次，直到放出的油液与新加入的油液颜色相同，通过多次的加注与更换，将储存在液力变矩器、变速器离合器、制动器中的油液通过多次循环后排放出来。

（4）预热变速器齿轮油到正常温度（70℃ ~80℃）后，调整液面高度至正常标尺位置，如图 5 – 6 所示。

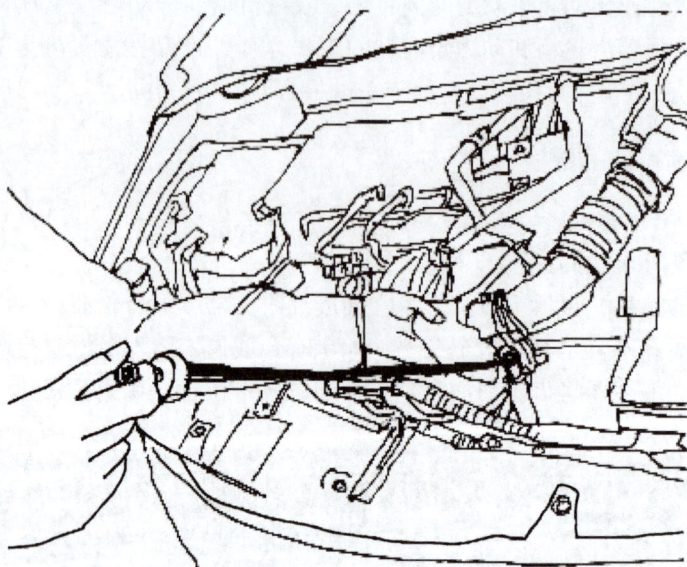

图 5 - 6   自动变速器齿轮油的更换

5.2.2   项目实施

本项目实施一汽 - 大众捷达轿车变速器齿轮油的选择与更换。

一、项目实施目标

能够正确选用合适的变速器齿轮油，同时能进行变速器齿轮油的更换。

变速器齿轮油
的更换

二、项目实施准备

（1）一汽 - 大众捷达轿车、捷达手动变速器汽车各 1 辆。

（2）常用工具 1 套，安全性能良好的车辆举升设备 1 套；GL - 5 型齿轮油 1 桶，T - Ⅳ 型自动变速器 3 桶，变速器齿轮油加注器 1 只，废油收集器 1 只；举升机一台；通用工具 1~2 套。

（3）发动机舱防护罩一套，三件套（座椅套、转向盘套、脚垫）一套。

（4）学生必须着工装，穿工鞋。

三、项目实施步骤

（一）更换齿轮油的必要性

变速器使用的润滑油为齿轮油，随着使用时间的增长，齿轮油会逐渐变质，其润滑性能变差，因此，定期更换齿轮油非常必要。

（二）更换齿轮油的步骤

1. 手动变速器齿轮油的更换

（1）车辆行驶一段路程后，变速器油温升高，将车辆举升到最高位置，先拧开变速器

上的加液盖，再拧下变速器的放油螺塞，将齿轮油放出。

（2）待油液放完后，清除放油螺塞磁性材料上吸附的杂质和金属屑，根据放油螺塞上吸附的金属屑的多少，判断齿轮、轴承的磨损状况。

（3）更换放油螺塞上的"O"形密封垫圈，按规定力矩将变速器放油螺塞拧紧。

（4）用专用的齿轮油加注器将齿轮油加入变速器，直到液面与加油口齐平，再停止加油。

（5）拧上加油螺塞，放下车辆，操作完毕。

2. 自动变速器齿轮油的更换

（1）预热发动机，让变速器齿轮油达到正常的工作温度（70℃～80℃）后熄火，拔下加油口上的油液标尺。

（2）将车辆举升到距离地面约0.7m高的位置，把废油收集器放在变速器下面，然后卸下放油螺塞，放掉变速器内部的油液。

（3）放完油后，拧上放油螺塞，将车辆放下，按标尺加入自动变速器齿轮油。

（4）起动车辆，用脚踩住刹车，将变速器操纵手柄在不同位置缓慢变换挡位，使油液得到充分循环，运行5～7min后，使发动机熄火。

（5）然后将车辆升到距离地面约0.7m高的位置，把油液再次放掉。

（6）如此循环更换齿轮油2～3次，直到排出的油液与刚加入的油液颜色完全相同，运行发动机到正常的油温（70℃～80℃），然后检查、调整液面位置到标准范围值内。

5.2.3　知识能力拓展

1. 什么是变速箱油

变速箱油就是变速器齿轮油。变速箱油是保持排挡系统清洁的油类用品，主要作用是润滑延长传动装置的寿命。每一款变速箱的技术要求都不同，即便是同型号的变速箱配置在不同的车型上，它的扭矩、转速、重量、结构等都会不同，所以原厂都会有指定的变速箱油标准（或标号），具体可以上网查找一下。

2. 为什么需要更高品质的变速箱油

变速箱油选择不一样的品质，是影响换挡顺畅度、舒适度的重要原因。变速箱油最根本的区别是其摩擦系数的不同，高品质的变速箱油的油分子更加细腻，抗剪切能力更高效，在半离合或在结合的一瞬间，作用在摩擦材料表面的油膜能起到一个非常有效的悬浮状态而打滑，能缓冲瞬间的强大冲击，让结合更加平顺，换挡更加畅顺。同时细腻的油分子大大减少了卡阀现象，使阀体工作更加顺畅。

3. 为什么要定期更换变速箱油

一般情况下，正常保养更换变速箱油是每40 000km更换1次或1年更换1次，一般首保时如果车主不注意，4S店是不会主动换的。车主切忌按照车辆保养说明上的明细进行操作，否则变速箱会因为累积了大量杂质或金属屑末进入油泵使泵油不畅，造成低速挂挡不畅的情况。

5.2.4 学习任务单

任务名称	变速器齿轮油的更换	学生姓名			
实训场地		学时		组号	
班级		日期		综合成绩	
任务目标	1. 掌握变速器齿轮油检查的操作项目以及变速器齿轮油的选用标准。 2. 掌握变速器齿轮油的更换步骤。				

一、资讯

1. 变速器齿轮油的选用标准及注意事项是什么?

2. 变速器齿轮油的更换步骤有哪些?

二、计划和决策

请根据任务要求,确定所需要的设备器材和工具,并对小组成员进行合理分工,制订详细的作业计划。

1. 需要的工具和设备。

2. 小组成员分工(在练习中每位学生应充当不同任务的角色,并互换),如表 5 – 5 所示。

表 5 – 5　人员分工

组长					
组员					
主操作	辅操作	工具管理	记录	安全监督	5S 监督

3. 根据小组成员分工情况，制订实施计划，明确完成时间，如表 5 – 6 所示。

表 5 – 6　实施计划

制订实施计划	明确完成时间

4. 作业中的安全注意事项。

三、实施

变速器齿轮油更换作业全部完成后，根据实际操作内容完成表 5 – 7。

表 5 – 7　变速器齿轮油更换项目单

更换项目	质量要求	检查结果	备注（注意事项）
变速器齿轮油 /ATF 油液	放油螺栓拧紧力矩		
	加油螺栓拧紧力矩		
	加注量	合格□/不合格□	
	牌号选择	合格□/不合格□	
	有无泄漏	有□/无□	

四、检查

1. 小组成员是否人人都能作业；
2. 小组成员是否人人都能按照规范作业；
3. 小组成员是否分工合作；
4. 小组成员是否人人都有安全意识。

五、评价

1. 根据小组完成任务的情况，对自己所做的工作进行评价，并提出改进意见。

2. 教师对学生工作情况进行点评。

3. 综合评定（见表5－8）。

表5－8　综合评定

小组自评 （30%）	小组互评 （30%）	教师评定 （40%）	综合成绩	备注

工作任务3　转向助力液的维护与保养

学习目标

1. 掌握液压转向助力液定期更换的相关知识。
2. 掌握液压转向助力液的定期更换和排气操作方法。
3. 能对液压转向助力系统进行油液更换和排气。
4. 掌握液压转向助力液的选用标准。
5. 具有团队精神和协作精神。

6. 具有良好的心理素质和克服困难的能力。

学习要求

能力目标	知识要点	权重/%
能正确选用液压转向助力液	液压转向助力液的选用标准	50
能进行液压转向助力液的定期更换和排气操作	液压转向助力液的定期更换方法和排气操作步骤	50

引例

　　服务顾问接车，发现车辆的行驶里程已经超过 60 000km，需要对车辆进行 60 000km 的保养，所以服务顾问与车间维修技师沟通安排工位，维修技师根据车辆供应商的 60 000km 保养项目内容及要求，对一汽－大众捷达轿车进行 60 000km 保养，完成后，将车辆和任务单送回给服务顾问，最终，由服务顾问将车辆交给客户。此工作任务为 60 000km 保养中的更换转向助力液。

5.3.1　相关知识

一、转向助力液的选用

（一）转向助力液的更换周期

　　转向助力液又称动力转向油或液压油，汽车生产厂商一般不会严格规定转向助力油的更换周期，人们大多以检查为主。为了防止转向助力液过脏或变质，一般情况下在两年或 30 000km 更换一次即可。

（二）转向助力液的选用标准

　　生产厂商虽然不严格规定转向助力油的更换周期，但部分生产厂商还是会注明转向助力液的选用标准，或者向销售商提供相应的转向助力液，如一汽－大众汽车专用的转向助力液和福特汽车专用的转向助力液等，如图 5－7 所示。

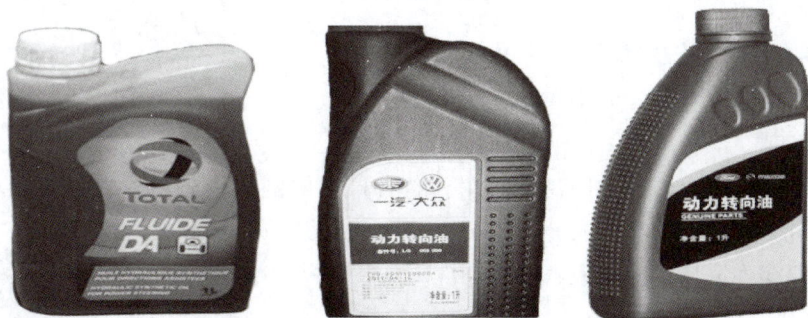

图 5－7　转向助力液

除此之外，还有一些大品牌的石油产品公司也会生产专用于助力转向系统的液压油，如道达尔石油化工公司生产的转向助力液。

二、转向助力液的更换及转向助力系统排气

（一）转向助力液的更换

（1）将车辆停放在坚实的平直路面上，起动车辆运行，使储液罐内的转向助力液达到正常的工作温度，如图5-8所示。

（2）将发动机熄火，打开加油塞，然后用专用工具将储液罐内的油液全部抽出后，加入新的转向助力液，达到正常液面。

（3）运行发动机，向左、向右打方向盘到达极限位置，使转向助力液充分流动，达到正常转向助力液温度时，停止发动机运行。

（4）将发动机熄火，打开加油塞，然后再用专用工具将储液罐内的油液全部抽出后，加入新的转向助力液，达到正常液面，继续运行发动机。

（5）重复上述过程2～3次，当储液罐内的转向助力液颜色同新油液接近时，调整液面高度，操作完毕。

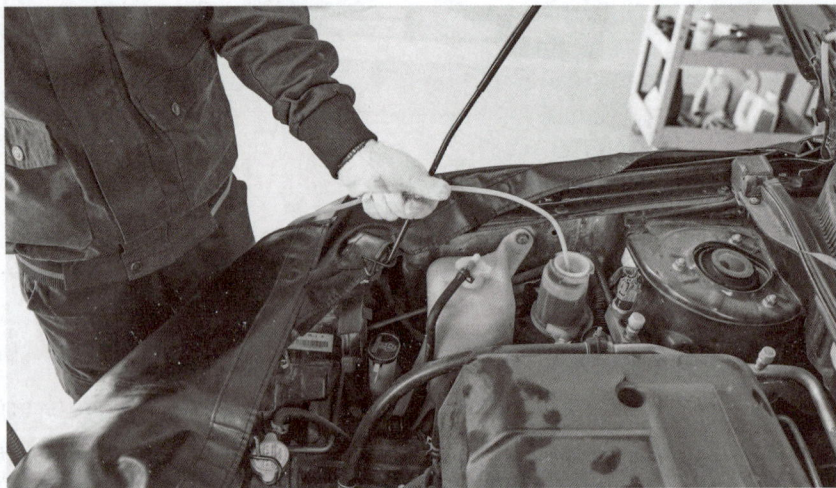

图5-8　转向助力液的更换

（二）转向助力系统的排气

（1）将车辆停放在坚实的平直路面上，起动车辆运行，使储液罐内的转向助力液达到正常的工作温度。

（2）运行发动机，转动方向盘，向左、向右打方向到达极限位置，停留5秒，就能将助力系统中的气体放出。

（3）放气操作完毕，注意检查调整储液罐中转向助力液的液面。

5.3.2　项目实施

本项目实施一汽-大众捷达轿车转向助力液的更换。

转向助力液的更换

一、项目实施目标

能够正确选用合适的转向助力液，同时能进行转向助力液的更换和转向助力系统的排气。

二、项目实施准备

（1）一汽－大众捷达轿车一辆。

（2）常用工具1套，安全性能良好的车辆举升设备1套；转向助力液1桶（约1L/桶）；通用工具1套，油液吸出器1只。

（3）发动机舱防护罩一套，三件套（座椅套、转向盘套、脚垫）一套。

（4）学生必须着工装，穿工鞋。

三、项目实施步骤

（一）转向助力液的更换周期

为了防止转向助力液过脏或变质，一般每两年或30 000km更换一次。

（二）更换步骤

（1）抽油：起动发动机，使用抽油器将油液抽干净。

（2）清洗：加入新的转向助力液，反复打方向；将清洗过的转向助力液抽走（重复2～3次）

（3）加油：加入转向助力液到规定液位，并反复打方向；检查液位并补充添加，直到液位正常。

5.3.3　知识能力拓展

汽车转向助力液的检查步骤有点类似于机油检测，如果车主的爱车采用的是电动助力转向的，可以不用添加。平常在用车过程中，车主可自行通过液位判断油液是否污损，正常的转向助力液一般较为透明，且颜色偏红，如果颜色浑浊、偏黑，说明质量有问题或使用时间过长，这时就应该更换。

在实际维修当中，转向助力泵一般很少坏，一般都是皮带、皮带盘等损坏，如果加的转向助力液杂质较多，也会导致转向助力泵磨损。

其实只需要在转向助力液液面较低时添加即可！有的客户经常加，这是没有必要的。

注入完新的转向助力液之后，打着车，会听到轻微的"呼啦啦"声，没关系，这是转向助力液在循环，慢慢就会恢复无声。不过需要注意的是，不能长时间空油着车，否则会毁坏转向助力泵。

转向助力液是协助驾驶员做汽车方向调整的，为驾驶员减轻打方向盘的用力强度，当然，转向助力液在汽车行驶的安全性、经济性上也起到一定的作用。就目前汽车上配置的助力转向系统而言，大致可以分为三类：一种是机械式液压助力转向系统；一种是电子液压助力转向系统；另外一种是电动助力转向系统。不同类型的助力转向系统保养也不同。

对于机械式液压助力转向系统，平时的检查一定要多注意储液罐中的转向助力液不能缺少，此外，尽量别打死弯时间太长。平时注意转向时是否很沉，是否有噪声等现象。如果有这样的情况，一定要检查类似油泵 V 型带、内部压力等方面的问题。而对于电子液压助力转向系统，平时也要注意转向助力液的多少，当警告灯亮时，一定要注意检查。对于电动助力转向系统，尽管结构相对简单，但保养起来不是肉眼就能看透的；如果出现方向沉（转向不灵）、不听使唤的问题，就要拿仪器检测。

动力转向装置在使用和加油中不允许有空气存在，尤其在对其组件拆修后必须排气，保证其工作正常。架起转向轮，发动机怠速运转，将塑料软管的一端套在动力转向装置放气螺塞上，一端插入容器中，反复将转向盘打到底。等到动力转向装置内初步充满转向助力液后，将车轮放下，旋松放气螺塞，使系统在较高的压力下通过放气螺塞放气。将转向盘再次反复打到底，再放气，直至容器里不再有气泡和乳化现象为止，且发动机停转后，液面变化不大，说明空气已排净。

在上述排气过程中，液面会下降，液面过低时会再进入空气，因此应随时添加转向助力液，维持标准液面高度。

5.3.4　学习任务单

任务名称	转向助力液的更换	学生姓名		
实训场地		学时		组号
班级		日期	综合成绩	
任务目标	1. 掌握液压转向助力液定期更换的相关知识。 2. 掌握液压转向助力液的定期更换和排气操作方法。 3. 能对液压转向助力系统进行油液更换和排气。 4. 掌握液压转向助力液的选用标准。			

一、资讯

1. 转向助力液的选用标准及注意事项有哪些?

2. 转向助力液的更换步骤有哪些?

二、计划和决策

请根据任务要求，确定所需要的设备器材和工具，并对小组成员进行合理分工，制订详细的作业计划。

1. 需要的工具和设备。

2. 小组成员分工（在练习中每位学生应充当不同任务的角色，并互换），如表 5 – 9 所示。

表 5 – 9　人员分工

组长					
组员					
主操作	辅操作	工具管理	记录	安全监督	5S 监督

3. 根据小组成员分工情况，制订实施计划，明确完成时间，如表 5 – 10 所示。

表 5 – 10　实施计划

制订实施计划	明确完成时间

4. 作业中的安全注意事项。

三、实施

转向助力液更换作业全部完成后，根据实际操作内容完成表5-11。

表5-11　转向助力液更换项目单

更换项目	质量要求	检查结果	备注（注意事项）
转向助力液	有无系统泄漏	有□/无□	
	转向是否轻便	轻便□/较沉□	
	加注量	合格□/不合格□	

四、检查

1. 小组成员是否人人都能作业；
2. 小组成员是否人人都能按照规范作业；
3. 小组成员是否分工合作；
4. 小组成员是否人人都有安全意识。

五、评价

1. 根据小组完成任务的情况，对自己所做的工作进行评价，并提出改进意见。

2. 教师对学生工作情况进行点评。

3. 综合评定（见表5-12）。

表5-12　综合评定

小组自评（30%）	小组互评（30%）	教师评定（40%）	综合成绩	备注

工作任务 4　冷却液的维护与保养

学习目标

1. 掌握冷却液更换的方法。
2. 掌握冷却系统重要部件检查的方法。
3. 能对冷却系统进行清洗并更换冷却液。
4. 掌握冷却液的选用标准。
5. 具有团队精神和协作精神。
6. 具有良好的心理素质和克服困难的能力。
7. 具有承担责任的意识。

学习要求

能力目标	知识要点	权重/%
能对冷却液进行清洗和更换	冷却液更换的方法	40
能对冷却系统的重要部件进行检查	冷却系统重要部件检查的方法	40
能够正确选用合适的冷却液	冷却液的选用标准	20

引例

　　服务顾问接车，发现车辆的行驶里程已经超过 60 000km，需要对车辆进行 60 000km 的保养，所以服务顾问与车间维修技师沟通安排工位，维修技师根据车辆供应商的 60 000km 保养项目内容及要求，对一汽 – 大众捷达轿车进行 60 000km 保养，完成后，将车辆和任务单送回给服务顾问，最终，由服务顾问将车辆交给客户。此工作任务为 60 000km 保养中的更换冷却液。

5.4.1　相关知识

一、发动机冷却液的选用及冷却系统重要部件的检查

（一）冷却液的选用
发动机冷却液的选用标准主要有以下两项：

1. 冷却液的使用性能

为保证汽车发动机正常工作和延长发动机的使用寿命，要求汽车发动机冷却液应具备以下性能：

（1）黏度小，流动性好；

（2）冰点低；

（3）沸点高；

（4）防腐性好；

（5）不产生水垢，不起泡沫。

2. 冷却液的牌号

目前市场上使用的冷却液都是根据其冰点温度定牌号的，主要包括－20℃、－25℃、－30℃、－35℃、－40℃和－45℃六种牌号，如图5－9所示。选用冷却液时，应选用比环境温度低10℃以上牌号的冷却液。

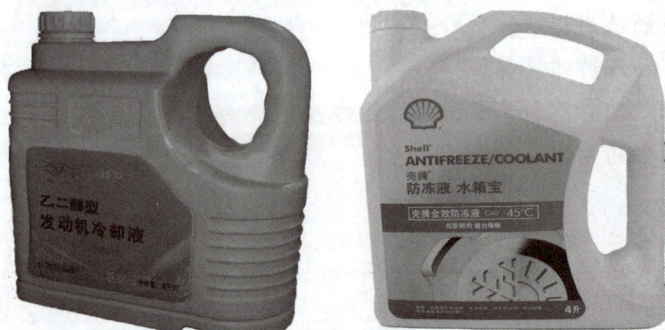

图5－9　发动机冷却液

（二）冷却系统重要部件的检查

1. 节温器的检查

（1）将拆下的节温器放在盛有冷水的器皿中，然后逐渐加热。

（2）记录节温器阀门开始工作时的温度、阀门全部打开时的温度，查阅维修手册，从而确定节温器的工作性能，如图5－10所示。

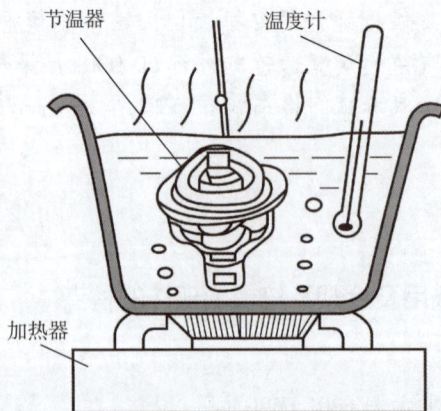

图5－10　节温器的检查

（1）节温器安装在冷却系统的冷却液循环通道内，调节"大循环"和"小循环"，确保车辆起动时快速预热，温度升高后保持恒定冷却温度。

（2）只有在出现冷却系统温度不正常时，才进行节温器性能检测，作为判断故障的依据。

（3）一般节温器开启温度为85℃左右，行程全开温度为95℃左右。

2. 散热器盖的检查

（1）检查散热器盖上的橡胶密封圈是否损坏。

（2）用专用检测仪器检查散热器盖上的压力阀和真空阀开启压力，判断是否在规定范围内，如图5－11所示。

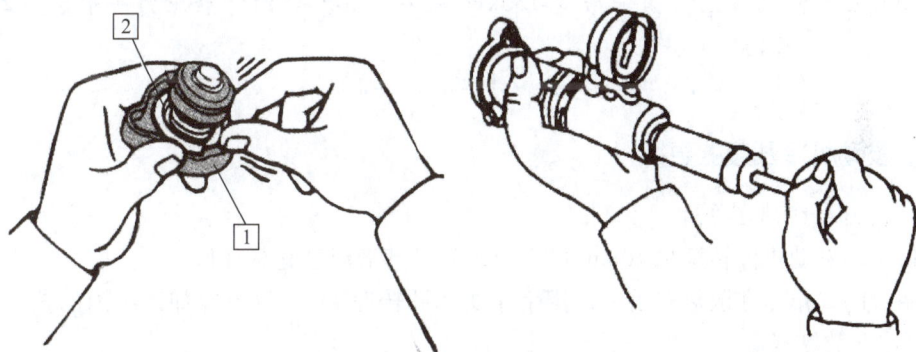

图5－11　散热器盖的检查

二、发动机冷却液的放出与发动机冷却系统的清洗

（1）对冷却系统进行泄压处理后，将散热器盖打开，并将补偿水箱内的冷却液全部抽出，如图5－12所示。

图5－12　抽出补偿水箱内的冷却液

（2）将车辆举升到最高位置，拧开散热器和机体上的防水开关，用洗油盆收集冷却废液，并按工业废水处理，以便保护环境。

（3）放完冷却液后，将两处的放水开关拧紧，车辆处于最低位置，加满清洁的水，将水箱盖拧紧，起动发动机，中速运行到常温，发动机停转后将水放掉，如果冷却循环通道内较脏，应重复 2~3 次上述操作。

> 🌐 **知识点**：散热器盖的开启压力
>
> （1）散热器盖上的压力阀维持了冷却系统较高的工作压力，提高了冷却液与周围空气的温差，增强了散热性能。当冷却液温度高于 105℃ 以上时，才打开泄压，将冷却液排入补偿水箱。
>
> （2）散热器盖上的真空阀确保冷却液温度降低、内部产生真空时才打开，从补偿水箱中补充冷却液，确保冷却系统内部有足够的冷却液，以免产生气阻。
>
> （3）压力阀的开启压力一般为 130kPa 左右，真空阀的开启压力一般在 − 20kPa 左右。

三、发动机冷却液的更换

（1）冷却系统泄压处理。

①将车辆发动机停转至少 10min 以上，确保冷却液温度充分降低。

②用厚的垫布压在散热器盖上，用手先逆时针转动 45°，放出冷却系统内的蒸汽，再转动 45°，拧下散热器盖。

（2）将车辆提升到高位，拧开散热器和机体上的放水开关，用洗油盆收集冷却液，为保护环境，按工业废水处理。

（3）将清水加入冷却系统中，反复清洗几次，每次发动机运行 10min 以上，把冷却系统清洗干净后，将冷却系统的水全部放出。

（4）加入符合该车规定型号的冷却液，拧紧水箱盖。若为补偿水箱式结构，应将补偿水箱内的冷却液全部抽出，按标线加入新的冷却液。

> 🌐 **知识点**：冷却液需定期更换
>
> 随着使用时间的增长，冷却液会出现冰点升高、沸点降低、变浑浊、腐蚀性增强等现象，且会在冷却系统通道内产生水垢，影响正常的散热性能，因此按照维修手册的要求，要定期更换冷却液。

5.4.2　项目实施

本项目实施一汽－大众捷达轿车冷却液的更换。

冷却液的更换

一、项目实施目标

能够正确选用合适的发动机冷却液，同时能进行冷却液的更换。

二、项目实施准备

（1）一汽 – 大众捷达轿车一辆。

（2）常用工具 1 套，散热器盖检查专用工具 1 只，器皿加热器 1 套，温度计 1 只，节温器 1 只。

（3）冷却液 1 桶（约 4L），废液收集器皿 1 只；通用工具 1~2 套；发动机舱防护罩一套，三件套（座椅套、转向盘套、脚垫）一套。

（4）学生必须着工装，穿工鞋。

三、项目实施步骤

冷却液的更换步骤如下：

（一）排放

打开膨胀水箱盖；拆下散热器下水管与发动机处的连接；取下节温器，并将冷却液排放干净。

（二）加注

安装节温器并恢复散热器水管的连接；加注冷却液至最大刻度，盖上水箱盖；运行发动机至散热风扇转动；检查冷却液液面高度，补充添加至正常值。

5.4.3 知识能力拓展

（1）发动机冷却液又称防冻液。发动机冷却液是汽车发动机不可缺少的一部分。它在发动机冷却系统中循环流动，将发动机在工作中产生的多余热能带走，使发动机能以正常的温度运转。除了冷却作用，发动机冷却液还具备防冻、防沸、防锈、防腐蚀等作用。发动机冷却液颜色一般为红色或绿色。

（2）防冻液不完全等于冷却液，冷却液等于水加防冻液，通俗一点讲，冷却液就是指能给发动机降温的液体，可以是水，也可以是防冻液。水就是很低档的冷却液，而且受季节限制。

（3）防冻液的全称应该叫防冻冷却液，意为有防冻功能的冷却液。防冻液可以防止在寒冷的冬季停车时冷却液结冰而胀裂散热器和冻坏发动机气缸体或盖。许多人认为防冻液只是冬天才使用，但我们要纠正这个误解，其实防冻液不仅仅是冬天用的，它全年都要使用。

5.4.4 学习任务单

任务名称	冷却液的更换	学生姓名			
实训场地		学时		组号	

班级			日期		综合成绩	
任务目标	1. 掌握冷却液液位检查的方法以及冷却液的选用标准。 2. 掌握冷却液的更换方法及步骤。 3. 掌握冷却系统重要部件检查的方法。					

一、资讯

1. 冷却液的选用标准及注意事项有哪些？

2. 冷却液的更换步骤有哪些？

二、计划和决策

请根据任务要求，确定所需要的设备器材和工具，并对小组成员进行合理分工，制订详细的作业计划。

1. 需要的工具和设备。

2. 小组成员分工（在练习中每位学生应充当不同任务的角色，并互换），如表 5 - 13 所示。

表 5 - 13　人员分工

组长					
组员					
主操作	辅操作	工具管理	记录	安全监督	5S 监督

3. 根据小组成员分工情况，制订实施计划，明确完成时间，如表 5 – 14 所示。

表 5 – 14　实施计划

制订实施计划	明确完成时间

4. 作业中的安全注意事项。

三、实施

冷却液更换作业全部完成后，根据实际操作内容完成表 5 – 15。

表 5 – 15　冷却液更换项目检查单

更换项目	质量要求	检查结果	备注（注意事项）
发动机防冻液	冰点	合格□/不合格□	
	加注量	合格□/不合格□	
	有无泄漏	有□/无□	

四、检查

1. 小组成员是否人人都能作业；
2. 小组成员是否人人都能按照规范作业；
3. 小组成员是否分工合作；
4. 小组成员是否人人都有安全意识。

五、评价

1. 根据小组完成任务的情况，对自己所做的工作进行评价，并提出改进意见。

2. 教师对学生工作情况进行点评。

3. 综合评定（见表5－16）。

表5－16　综合评定

小组自评 （30%）	小组互评 （30%）	教师评定 （40%）	综合成绩	备注

工作任务5　发动机正时皮带的维护与保养

学习目标

1. 掌握发动机正时齿形带检查和调整的方法。
2. 掌握发动机正时齿形带的更换步骤。
3. 能正确更换正时齿形带、张紧器和张紧轮。
4. 具有团队精神和协作精神。
5. 具有良好的心理素质和克服困难的能力。
6. 具有承担责任的意识。

学习要求

能力目标	知识要点	权重/%
能对发动机正时齿形带进行性能检查	发动机正时齿形带的检查方法和检查周期	20
能对发动机正时齿形带进行调整	发动机正时齿形带的调整方法	40
能正确更换正时皮带、张紧器和张紧轮	发动机正时皮带、张紧器和张紧轮的更换步骤	40

　　服务顾问接车，发现车辆的行驶里程已经超过 60 000km，需要对车辆进行 60 000km 的保养，所以服务顾问与车间维修技师沟通安排工位，维修技师根据车辆供应商的 60 000km 保养项目内容及要求，对一汽－大众捷达轿车进行 60 000km 保养，完成后，将车辆和任务单送回给服务顾问，最终，由服务顾问将车辆交给客户。此工作任务为 60 000km 保养中的更换正时皮带。

5.5.1　相关知识

一、正时齿形带的检查

　　正时齿形带（以下简称齿形带、齿轮带、正时皮带或皮带）将曲柄连杆机构和配气机构联系在一起，确保了配气机构有确定的配气相位关系。

（一）发动机正时齿形带使用状况的检查

　　（1）拆下齿形带护罩。

　　（2）观察齿形带是否存在裂纹、掉齿、齿部脱开及齿带侧面磨损等现象，如图 5 - 13 所示。

图 5 - 13　发动机正时齿形带使用状况的检查

（a）齿带背面裂纹；（b）掉齿或齿根折断；（c）齿部脱开或有裂纹；（d）齿带侧磨损

> 🌀**知识点**：齿形带检查周期
> （1）一般为车辆每运行 20 000km 检查一次。
> （2）具体检查周期以维修手册上规定的检查期限为准。

（二）齿形带张紧度①的检查与调整

1. 齿形带张紧度的检查

　　（1）用手扳动距离最远的两个齿形带轮中间部位的齿形带，若齿形带搬动角度为 90° 左右，则说明齿形带张紧度适中；

　　（2）若扳动角度大于 90°，则说明齿形带的张紧度偏小，应调整加大齿形带的张紧度；

　　（3）若扳动的角度小于 90°，则说明齿形带的张紧度偏大，应适当放松齿形带的张紧度，如图 5 - 14 所示。

---

① 张紧度又叫预紧度。

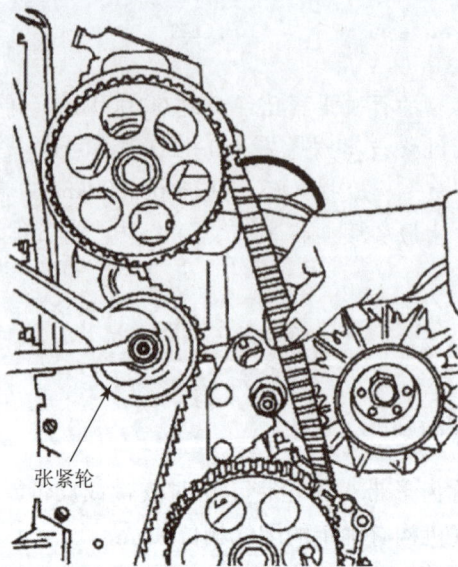

图 5 – 14　发动机正时齿形带张紧度检查

2. 齿形带张紧度的调整

1）利用发电机或压缩机支架调整齿形带张紧度的方法

（1）松开调整支架上"调整螺母"的"锁紧螺栓"；

（2）用扳手旋转齿形带调整螺母，使齿形带张紧，并用另一只手检查齿形带张紧度；

（3）检查张紧度合适后，用扳手固定好齿形带，调整螺母不要动，另一只手选用合适的扳手将锁紧螺栓上紧，如图 5 – 15 所示。

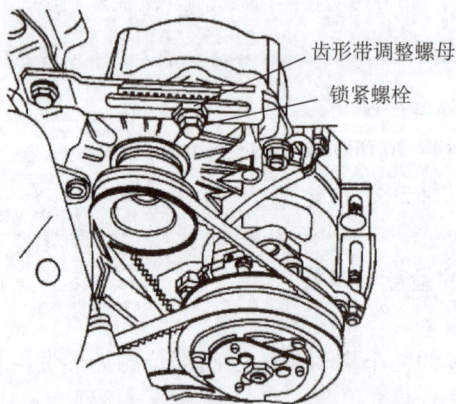

图 5 – 15　利用发电机或压缩机调整齿形带张紧度

2）偏心轮式张紧器（张紧轮）的调整方法

（1）首先松开张紧轮固定螺栓；

（2）用张紧轮专用工具将张紧轮进行偏转，使张紧轮压紧齿形带；

（3）用扳手将张紧轮固定螺母拧紧，如图 5 – 16 所示。

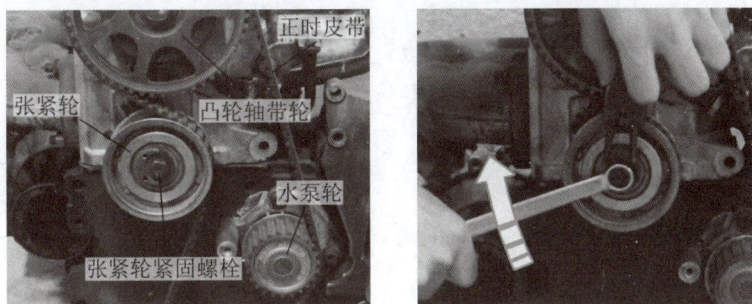

图 5 – 16　张紧轮的调整方法

3）自动张紧器

自动张紧器无须对齿形带的张紧度进行调整，安装时，只需用开口扳手搬动自动张紧器上的凸缘即可，如图 5 – 17 所示。

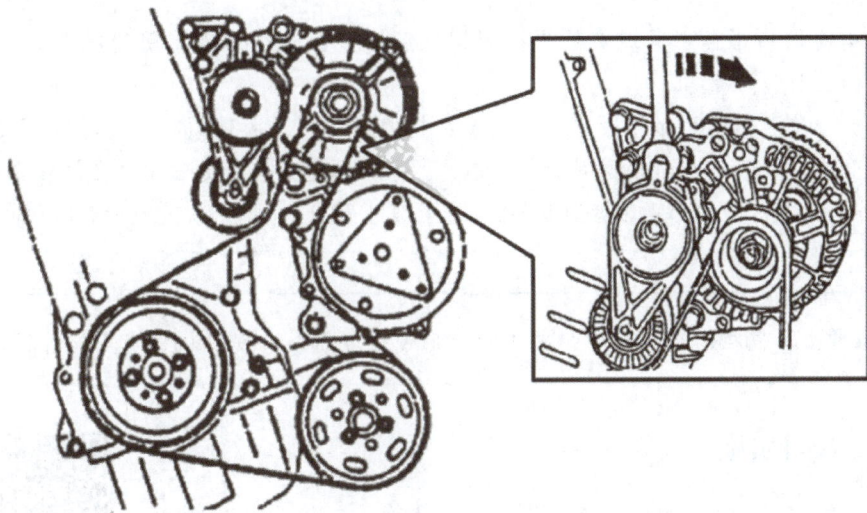

图 5 – 17　自动张紧器

二、正时齿形带的更换

（1）拆下正时齿形带护罩。

（2）转动发动机曲轴，使第 1 缸上压缩冲程止点记号和凸轮轴记号都对正标记。

（3）松开齿形带预紧力调整装置，取下旧的正时齿形带。

（4）安装新的正时齿形带，按标准调整好正时齿形带的张紧度。

（5）转动发动机曲轴至少 720°，确认第 1 缸压缩冲程上止点记号和凸轮轴记号都对正标记，再次检查正时齿形带张紧度。

（6）确认正时齿形带预紧力调整装置的安装情况，上好正时齿形带护罩，如图 5 – 18 所示。

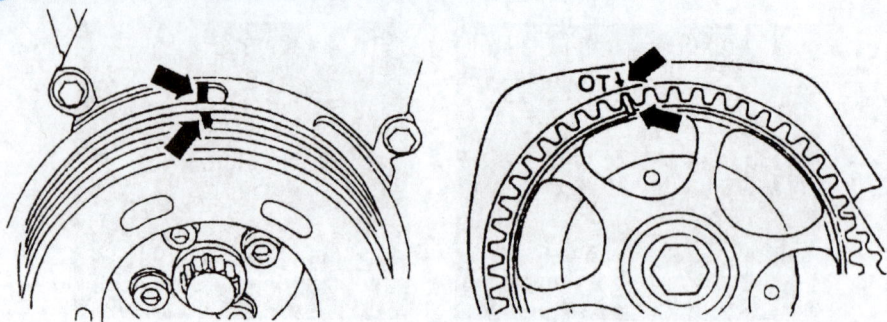

图 5－18　正时齿形带的更换

> ☞ **知识点**：发动机正时齿形带
>
> （1）正时齿形带的更换周期一般为 60 000～100 000km，具体车型以厂家规定的更换周期为准。
>
> （2）若正时齿形带到了规定的更换周期，经检查正时齿形带使用状况良好，也必须更换新的正时齿形带。
>
> （3）对于有正时齿形带预紧力自动调整结构的发动机，曲轴顺时针转动时，该装置自动预紧正时齿形带，而曲轴逆时针转动时，预紧力调整装置不起作用。在维修作业时，若逆时针转动曲轴，会引起正时齿形带变松，甚至发生跳齿，因此，禁止逆时针转动曲轴！

> ✎ **思考**：车辆在运行过程中，若正时齿形带出现断裂，发动机将发生何种损伤？

5.5.2　项目实施

本项目实施一汽－大众捷达轿车正时皮带的更换。

一、项目实施目标

能正确拆装与更换正时皮带、张紧器和张紧轮。

发动机皮带的
检查与更换

二、项目实施准备

（1）一汽－大众捷达轿车一辆。

（2）常用工具 1 套；通用工具 1～2 套；速腾 1.8T A 发动机正时皮带 1 条，正时皮带更换专用工具 1 套；发动机舱防护罩一套，三件套（座椅套、转向盘套、脚垫）一套。

（3）学生必须着工装，穿工鞋。

三、项目实施步骤

（一）正时皮带的拆卸步骤

（1）松开发电机上的枢轴螺栓和调节锁定螺栓，松开调节螺栓，使发电机皮带挠度变

大，并拆卸发电机皮带；拆卸水泵皮带轮上的 4 个螺栓后，卸下发电机皮带轮，如图 5 - 19 所示。

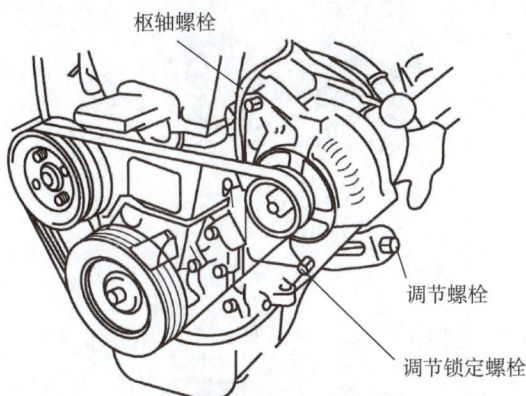

図 5 - 19　拆卸发电机皮带轮

（2）用导线卡箍把交流发电机导线和油压开关导线固定在一起，拆开导线卡箍，拆开气缸盖罩上的导线束，从气缸盖罩上拆开 2 个 PVC 软管。

（3）转动曲轴皮带轮，将其凹槽对准 1 号正时皮带罩的正时标记"0"，检查凸轮轴正时皮带轮的"K"标记是否与 2 号凸轮轴轴承盖的正时标记对准。如果未对准，则应转动曲轴一周（360°），将第 1 缸设置为压缩冲程上止点，如图 5 - 20 所示。

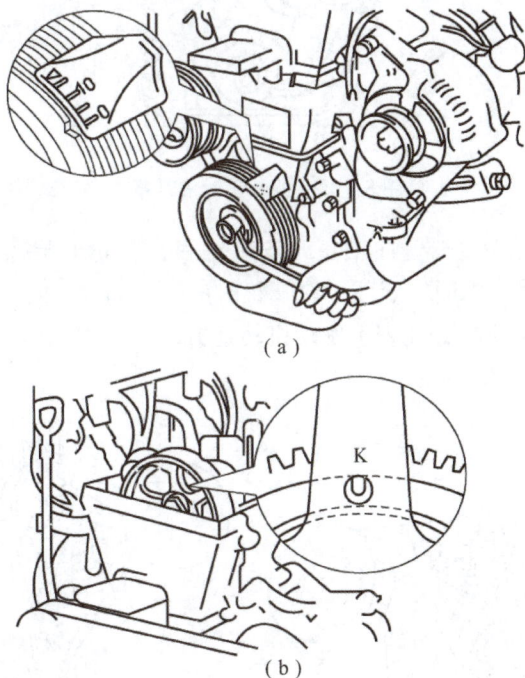

（a）

（b）

図 5 - 20　查找第 1 缸压缩冲程上止点的标记

（4）拆卸曲轴皮带轮。首先使用专用维修工具 SST（皮带轮固定把子）卸下曲轴皮带轮固定螺栓，如图 5 - 21 所示，然后拆下曲轴皮带轮。

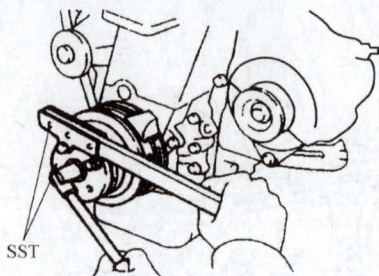

SST

图 5 - 21　拆卸曲轴皮带轮固定螺栓

（5）卸下正时皮带罩螺栓与正时皮带罩，如图 5 - 22 所示。

图 5 - 22　拆卸正时皮带罩

（6）卸下正时皮带导轮，松开曲轴正时皮带轮和张紧轮安装螺栓，尽可能将该曲轴正时皮带张紧轮向左推，然后暂时固定住，取下正时皮带。如果正时皮带还要使用，则应在正时皮带上画一个表示方向的箭头（表示发动机转动方向），然后在曲轴正时皮带轮和正时皮带上做装配标记，如图 5 - 23 所示。

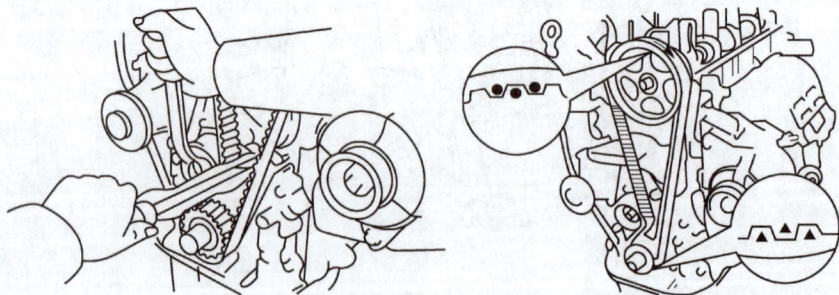

图 5 - 23　拆卸正时皮带导轮并在曲轴皮带轮和正时皮带上做装配标记

（7）拆下螺栓，卸下正时皮带张紧轮与拉簧。

（8）卸下曲轴正时皮带轮。如果不能用手取下正时皮带轮，则可用两个螺丝刀卸下正时皮带轮，如图 5–24 所示。

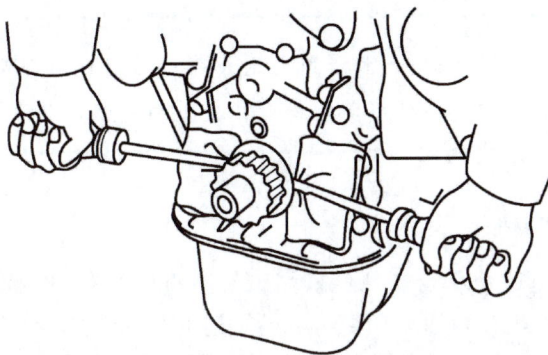

图 5–24　拆卸曲轴正时皮带轮

（二）正时皮带的安装步骤

（1）将凸轮轴定位销对准凸轮轴正时皮带轮带 "K" 标记一侧的定位销槽，并将其滑入凸轮轴正时皮带轮上。暂时安装凸轮轴正时皮带轮螺栓。用扳手固定住凸轮轴的六角头部分，拧紧凸轮轴正时皮带轮螺栓，拧紧力矩为 59 N·m。

（2）将曲轴正时皮带轮定位键与曲轴正时皮带轮键槽对准，并将其滑入，安装曲轴正时皮带轮。

（3）用螺栓（但不要拧紧螺栓）安装拉簧，将曲轴正时皮带张紧轮尽量左推，然后拧紧螺栓。

（4）转动曲轴，使第 1 缸活塞处于压缩冲程上止点位置。转动凸轮轴的六角头部分，使凸轮轴正时皮带轮的 "K" 标记对准凸轮轴轴承盖的正时标记。用曲轴皮带轮螺栓转动曲轴，并使曲轴正时皮带轮的正时标记对准缸体。

（5）在发动机处于冷态时，安装正时皮带。如果使用的是刚卸下的正时皮带，则应将拆卸时做的标记对准，安装正时皮带时，正时皮带上的箭头应指向发动机转动方向。安装正时皮带后，检查曲轴正时皮带轮与凸轮轴正时皮带轮之间的正时皮带张力。

（6）检查正时皮带时，预固定正时皮带张紧轮螺栓，按顺时针方向缓慢转动曲轴两圈，检查每个正时皮带轮是否对准了正时标记。如果正时标记没有对准，则应取下正时皮带并重新安装。最后拧紧正时皮带张紧轮螺栓，拧紧力矩为 37 N·m，并卸下临时安装的曲轴正时皮带轮螺栓。

（7）检查正时皮带挠度。正时皮带挠度在 20 N 时应为 5～6 mm 或用拇指和食指捏住凸轮轴齿轮和中间轴齿轮之间的正时皮带的中间位置，以刚好转动 90° 为合适。如果正时皮带挠度不符合规定，应重新调节正时皮带张紧轮，即松开张紧轮固定螺栓，转动张紧轮，使正时皮带挠度符合上述要求，最后紧固张紧轮螺栓。

（8）安装正时皮带导轮。注意应将正时皮带导轮的外圈一侧朝外。

（9）用 3 个螺栓安装 1 号正时皮带罩，拧紧力矩为 7.4 N·m；用 6 个螺栓安装 2 号与 3 号正时皮带罩，拧紧力矩为 7.4 N·m。

（10）将曲轴正时皮带轮定位键与曲轴正时皮带轮上的键槽对准，平滑地推入曲轴正时皮带轮。按规定拧紧力矩（127 N·m）安装曲轴正时皮带轮螺栓。

> 💡**特别提示**：不要弯曲、扭转和外翻正时皮带；不要让正时皮带接触机油、水或蒸汽；在拆装凸轮轴正时皮带轮的安装螺栓时，禁止利用正时皮带张力。

5.5.3 知识能力拓展

正时皮带不能直接通过外观检查性能好坏，且其损坏具有一定的随机性（有的正时皮带用了 2 个规定保养里程也没有出现问题，有的不到 1 个规定保养里程就出现问题）。那么，如何应对和预防此类故障呢？这就要从正时皮带损坏的因素来探讨，正时皮带的损坏取决于许多因素。这些因素主要有以下几个方面：

1. 材料本身的结构缺陷

正时皮带的任何瑕疵都可能导致正时皮带使用寿命缩短，包括细小的裂纹及合成材料质量不够好。有可能是生产制造时工艺材料本身的问题，也有可能是运输储存过程中出了问题。所以，当使用 1 根新的正时皮带前，一定要仔细检查。

2. 水泵、惰轮和张紧轮转动不灵活，轴承有故障

在发动机配气系统中，包括惰轮和张紧轮。如果由于劣质轴承等因素导致惰轮或导向轮不能自由旋转，正时皮带就会在这些轮的表面滑动，从而摩擦生热或把正时皮带表面磨得光滑（在维修工作中可留意观察）。摩擦所产生的热量会加速正时皮带的老化，而光滑的表面会影响其张紧度，导致正时皮带工作寿命缩短。

另外，轴承有间隙，惰轮和张紧轮对正时皮带会产生偏向不规则力，导致正时皮带表面受力不均，加速其损坏。这几个轮一旦发生故障，多是由于轴承性能下降，其故障早期会发出刺耳的异响。所以在检修中一定要留意，发现问题及时更换。

3. 正时皮带安装时对正不准确

这类故障多发生在对正时系统进行更换保养后，由于一些修理工维修技术的问题或对工作的态度不端正，在更换正时皮带时思想上重视不够，会出现错齿，或在更换正时皮带时，使用错误方法，如用杠杆或螺丝刀强行撬动正时皮带，使其伸长而进入正常轨道。所以在更换正时皮带时一定要使用符合要求的专用工具，保证更换的准确性。

4. 外部污染引起非正常损坏

与正时皮带接触的任何东西都有可能损坏正时皮带，因此在对正时皮带更换保养时应仔细检查，如果检查曲轴前油封有渗油或水泵（有的通过正时皮带驱动）有渗漏防冻液的迹象，应及时更换密封圈，检查清理正时皮带罩中的污物并观察正时皮带上是否沾上这些物质，如果有污物，就要更换。

5.5.4 学习任务单

任务名称	发动机正时齿形带的检查与更换		学生姓名		
实训场地			学时		组号	
班级			日期		综合成绩	
任务目标	1. 掌握发动机正时齿形带检查和调整的方法。 2. 掌握发动机正时齿形带的更换步骤。 3. 能正确更换正时齿形带、张紧器和张紧轮。				

一、资讯

1. 发动机正时齿形带检查和调整的方法有哪些?

2. 发动机正时齿形带、张紧器、张紧轮的更换步骤有哪些?

二、计划和决策

请根据任务要求,确定所需要的设备器材和工具,并对小组成员进行合理分工,制订详细的作业计划。

1. 需要的工具和设备。

2. 小组成员分工(在练习中每位学生应充当不同任务的角色,并互换),如表 5 – 17 所示。

表 5 – 17　人员分工

组长					
组员					
主操作	辅操作	工具管理	记录	安全监督	5S 监督

3. 根据小组成员分工情况，制订实施计划，明确完成时间，如表 5 – 18 所示。

表 5 – 18　实施计划

制订实施计划	明确完成时间

4. 作业中的安全注意事项。

三、实施

检查各个正时齿形带是否有破损情况，调整各个正时齿形带的张紧度及张紧装置，必要时更换张紧装置。工作完成后，填写表 5 – 19。

表 5 – 19　正时齿形带检查项目单

项目类型	外观检查（是否破损、龟裂、剥落）	张紧度检查（过紧/过松/合适）	张紧装置完好/损坏	备注（采取措施）
发电机正时齿形带				
空调压缩机正时齿形带				
正时齿形带				
动力转向正时齿形带				

四、检查

1. 小组成员是否人人都能作业；
2. 小组成员是否人人都能按照规范作业；
3. 小组成员是否分工合作；
4. 小组成员是否人人都有安全意识。

五、评价

1. 根据小组完成任务的情况，对自己所做的工作进行评价，并提出改进意见。

2. 教师对学生工作情况进行点评。

3. 综合评定（见表5-20）。

表5-20　综合评定

小组自评 （30%）	小组互评 （30%）	教师评定 （40%）	综合成绩	备注

工作任务 6　检查与调整发动机气门间隙

学习目标

1. 掌握发动机气门间隙检查的方法。
2. 掌握发动机气门间隙调整的方法。
3. 具有团队精神和协作精神。
4. 具有良好的心理素质和克服困难的能力。
5. 具有承担责任的意识。

学习要求

能力目标	知识要点	权重/%
能对发动机气门间隙进行检查	发动机气门间隙检查的方法	40
能对发动机气门间隙进行调整	发动机气门间隙调整的方法	60

引例

　　服务顾问接车，发现车辆的行驶里程已经超过60 000km，需要对车辆进行60 000km的保养，所以服务顾问与车间维修技师沟通安排工位，维修技师根据车辆供应商的60 000km保养项目内容及要求，对一汽－大众捷达轿车进行60 000km保养，完成后，将车辆和任务单送回给服务顾问，最终，由服务顾问将车辆交给客户。此工作任务为60 000km保养中的发动机气门间隙检查与气门间隙调整。

5.6.1　相关知识

一、气门间隙检查

（1）转动曲轴，使被检测气缸的进气门、排气门均处于完全关闭状态。

（2）用塞尺测量气门杆尾部与气门摇臂头部的间隙，标准为抽动塞尺以稍有阻力为宜，一般进气门间隙为0.20～0.25mm，排气门间隙为0.25～0.30mm，如图5-25所示。

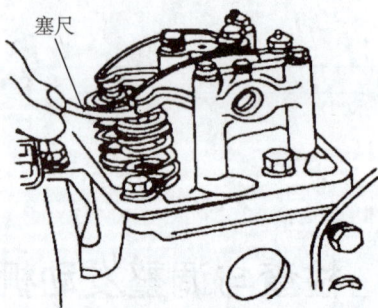

图5-25　气门间隙检查

> 🌐 **知识点：**发动机气门间隙
>
> （1）为了保证气门与气门座圈之间有良好的密封性，避免发动机工作温度升高后，配气机构传动系统膨胀，引起气门与气门座圈密封不良。就要确保气门杆尾部与气门摇臂头部之间有适当的配合间隙。

（2）气门间隙过小对发动机性能的影响。

配气机构传动系统受热膨胀，引起气门与气门座圈密封不良，直接影响到发动机的动力性和排放性。

（3）气门间隙过大对发动机性能的影响。

使气门杆尾部与气门摇臂头部之间产生有节奏感的撞击声（气门响），并导致发动机进气不足，排气不畅。

二、气门间隙调整

（一）逐缸调整法

（1）转动曲轴，找到该缸压缩冲程上止点。

（2）松开该缸进、排气门调整锁紧螺母，再旋松调整螺钉。

（3）将符合该气门间隙标准值厚度的塞尺插入气门杆尾部和气门摇臂头部之间，旋紧调整螺杆，抽动塞尺，感觉有适当的阻力为宜，然后将锁紧螺母锁紧，如图5－26所示。

（4）转动发动机720°，重新确认气门间隙没有发生变化。

（5）用同样的方法对其他气缸进、排气门间隙进行调整。

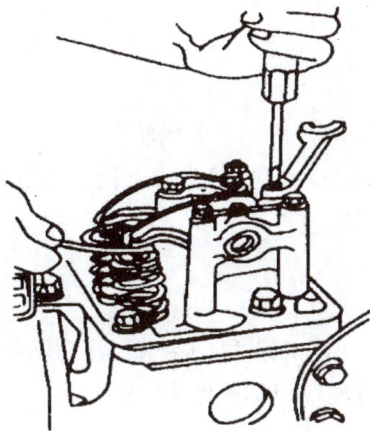

图 5 – 26　气门间隙调整

（二）二次调整法

（1）转动发动机至第1缸压缩冲程上止点，按点火顺序从前向后数起，调整次序为"双排不进"。

（2）转动发动机至最后1缸压缩冲程上止点，按点火顺序从后向前数起，调整次序为"双排不进"。

🌏 知识点：气门间隙调整

（1）发动机进气门间隙要比排气门间隙稍小些。

（2）发动机热态气门间隙要比冷态气门间隙稍小些。

（3）采用液压挺柱式发动机，无须检查与调整气门间隙。

5.6.2 项目实施

本项目实施气门间隙检查与气门间隙调整。

一、项目实施目标

能对发动机气门间隙进行检查与调整。

二、项目实施准备

（1）一汽–大众捷达轿车1辆。

（2）常用工具1套；通用工具1~2套；发动机是气门间隙调整式汽车1辆。

（3）梅花扳手2套，塞尺1套；发动机舱防护罩一套，三件套（座椅套、转向盘套、脚垫）一套。

（4）学生必须着工装，穿工鞋。

三、项目实施步骤

（一）气门间隙检查

（1）摇转曲轴，使被检查气门处于完全关闭状态。

（2）用塞尺插入气门杆尾部与气门摇臂头部之间，来回抽动塞尺，以抽动时稍有阻力为合适，其塞尺厚度即为气门间隙值。

（二）气门间隙调整

1. 拆下气门室盖

拆下气门室盖的固定螺丝，小心取下气门室盖，注意不要损坏气门室盖衬垫。用抹布擦净气门及摇臂轴上的油污，以方便气门调整作业。

2. 找到第1缸压缩冲程上止点

用摇手柄转动曲轴或撬动飞轮，使第1缸处于压缩冲程上止点位置。从发动机前面看，曲轴正时皮带轮的正时凹坑与正时记号对准。在部分大型车上，飞轮壳的检视孔第1~6缸刻线与飞轮壳正时记号对齐。例如：东风EQ6100—1型发动机，飞轮等1~6缸刻线应与飞轮壳的钢球对齐。此时从气门处看，第1缸的气门应都处开关闭的状态。如果第1缸的气门不全是关闭状态，说明第1缸活塞在压缩冲程下止点位置，应再转动曲轴360°，使第1缸处于压缩冲程上止点位置。

3. 确定各缸处于压缩冲程上止点的方法

根据发动机构造原理人们知道，各缸处于压缩冲程上止点时，该缸的气门均处于关闭状态。因此，可以打开分电器盖并确定各缸高压分线的位置，摇转曲轴，当分火头指向该缸高压分线位置时，触点张开的瞬间位置，就是该缸处于压缩冲程的上止点位置。这样便可以比较准确地确定各缸压缩冲程上止点的位置，方便地调整气门。

4. 测量气门间隙

气门间隙有冷车值和热车值之分，测量时应在符合该车的规定状态下进行。选出符合规格的塞尺（塞规）插入气门杆与气门摇臂头部（或凸轮）之间。稍微拉动塞尺，如有轻微的阻力，表示间隙正确。为了确定间隙是否正常，可以找出比规格大一号的塞尺（例如规定值为 0.25 mm 时，用 0.30 mm）插入气门间隙，此时，塞尺应无法插入，再用小一号的塞尺，就可以顺利插入气门间隙中，如果符合上述要求，说明气门间隙没有问题。如果上述任何一项要求都不符合，表示气门间隙不正常，必须调整间隙。

5. 气门间隙调整

首先松开气门调整螺钉的固定螺帽，把规定厚度的塞尺插入气门间隙处，一手抽拉塞尺，同手转动调整螺钉，直到塞尺稍微受到阻力为止。调整妥当之后，把塞尺插到气门间隙中央，调整螺钉保持不动，拧紧固定螺帽，锁紧调整螺钉。锁好螺钉后，再用塞尺重新测量气门间隙，因为在锁紧时可能无意转动了调整螺钉，使气门间隙改变。如果气门间隙改变，应重新调整到正确为止。

（1）两次调整法。

根据配气机构传动系统构造原理，人们知道，进、排气门排列有一定的规律。按点火顺序和进、排气门排列顺序，可以检查调整 4（4 缸机）或 6 只气门（6 缸机）的间隙；然后转动曲轴一周，使第 4 缸或第 6 缸位于压缩冲程上止点位置，再调整其余第 4 或 6 只气门。

（2）逐缸调整法。

由于发动机气门排列顺序不尽相同，因此，记忆进、排气门的顺序困难。也可按发动机的点火顺序或喷油顺序逐缸调整气门间隙。为了能准确调整气门间隙，可用前面介绍的方法利用分电器分火头的指向，逐缸调整该缸的进、排气门间隙。

5.6.3 知识能力拓展

众所周知，四冲程发动机的名称来自一个循环的 4 个冲程，即进气、压缩、做功、排气。其中，进气冲程是发动机运转的前提和基础——气缸里吸入了多少油气混合物，决定了有多少能源可以燃烧。在同等情况下，气缸如果能够吸到更多的空气，意味着可以燃烧更多的油气混合物、做更多的功，从而提高发动机的输出功率，正所谓"吃得多、干得多"。

但是这并不容易，因为进气门的开闭时间非常短，特别是高转速大功率发动机，留给空气进入的时间更是短得不可思议。比如，现代摩托车发动机转速达到 10 000 r/min 很常见，概略来说，进气时间只有 0.003 秒。正因如此，多年来人们持续研究，研发出各种装置，让发动机呼吸得更多、更深、更顺畅，目的就是希望有更强的动力！

1. 顶置气门机构（OHV）

1899 年，法国人比歇为了提高发动机的转速和功率，率先推出了顶置气门机构（OHV）。在顶置气门机构中，凸轮轴安装在气缸的侧面下部，通过较长的推杆把摇臂往上推，再通过摇臂向下压开气门；气门则可以设置在气缸头上，这样燃烧室可以优化为半球形或楔形，从而提高了发动机的压缩比和热效率，实现高转速、高功率的目的。在提高转速和功率方面，顶置气门机构明显优于侧置气门机构，发动机的转速普遍由 1 200 r/min 以下提高到 6 000r/min，功率获得显著提高。

此外，顶置气门发动机还具有低转速、大扭矩的优势，且能够通过调整 V 型双缸的夹角以获得不同的振动节奏和排气声浪，具有很强的个性，这也是为什么虽然以后出现了更先进的顶置凸轮轴（OHC）发动机，但是仍有厂家坚持生产技术落伍的 OHV 发动机的缘故，这方面最典型的代表就是哈雷摩托车。

2. 单顶置凸轮轴（SOHC）

虽然顶置气门发动机优于侧置气门发动机，但是顶置气门发动机也有自身局限。由凸轮轴通过气门挺杆驱动气门，增加的气门挺杆相应增加了传动损耗。从 20 世纪 60 年代起，更加先进的单顶置凸轮轴（SOHC）发动机开始大行其道。SOHC 与 OHV 相比，最大的不同是：OHV 是气门的位置在凸轮轴上方，凸轮轴利用气门挺杆驱动气门；SOHC 则是凸轮轴的位置在气门上方，发动机飞轮通过皮带或链条带动凸轮轴齿轮，从而实现凸轮轴直接驱动气门。因此，SOHC 比 OHV 减少了气门挺杆和相应的传动损耗，且可以设计出更高的压缩比和发动机转速，在同等排量下，SOHC 发动机比 OHV 发动机的动力大、油耗小、易维护。现代的单缸摩托车发动机配置的基本上是单顶置凸轮轴。

3. 双顶置凸轮轴（DOHC）

顶置凸轮轴发动机可细分为单顶置凸轮轴（SOHC）发动机和双顶置凸轮轴（DOHC）发动机。SOHC 是进气门和排气门的开启、关闭均由同一根凸轮轴来完成开闭动作；DOHC 则是利用两条凸轮轴来分别驱动进气门和排气门完成开闭动作。总体来说，DOHC 的好处就是可以轻易地改变进、排气门的开闭时间，每只气门的惯性质量比较低，因此具有高转速、大功率的特性，但是结构比较复杂，造价成本较高，维护也比较困难，一般来说，多缸、大排量的高速发动机多采用 DOHC 气门机构，单缸、小排量的普通发动机多采用 SOHC 气门机构。

4. 可变气门系统（VTEC）

VTEC 的全名是 Variable valve Timing & lift Electronic Control system，即可变气门正时/升程电子控制系统，简称可变气门系统，主要应用于本田中量级 V4 发动机。当转速低于设定值时，这台 V 型 4 缸的 16 只气门，只有 8 只气门在工作；一旦转速超过限值，16 只气门就会被全部激活，全力以赴产生最大动力。VTEC 兼具 2 气门和 4 气门发动机之特长，在中低转速时，输出强韧扭矩，同时降低油耗；在高转速时，则酣畅淋漓地输送充沛的动力。

5. 可变气门正时系统（VVT）

川崎的可变气门正时系统（VVT）能在发动机不同的转速范围内，优化最合适的气门开启、关闭时间，以提高燃烧效率，实现低转速时扭矩充沛、高转速时功率酣畅的目标。

具体实现过程是：在进气凸轮轴的尾端装配了可变正时驱动装置。来自发动机机油泵的低压机油，被机油控制阀（OCV）调节方向后进入可变正时驱动装置的腔内，驱动进气凸轮轴在 0°~23.8°角度范围内偏转；具体偏转角度的数值，由 32 位的电控单元（ECU）在综合比较曲柄位置、凸轮轴位置、扼流阀开度和扼流阀传感器、水温等信息后，计算出最佳的实时进气门正时，再发出指令，让 OCV 阀驱动进气凸轮轴偏转到相应角度，从而实现相应的进气提前或延迟。

5.6.4　学习任务单

任务名称	检查与调整发动机气门间隙	学生姓名			
实训场地		学时		组号	
班级		日期		综合成绩	
任务目标	1. 掌握发动机气门间隙检查的方法。 2. 掌握发动机气门间隙调整的方法。				

一、资讯

1. 检查发动机气门间隙的方法有哪些？

2. 调整发动机气门间隙的方法有哪些？

二、计划和决策

请根据任务要求，确定所需要的设备器材和工具，并对小组成员进行合理分工，制订详细的作业计划。

1. 需要的工具和设备。

2. 小组成员分工（在练习中每位学生应充当不同任务的角色，并互换），如表 5 – 21 所示。

表 5 – 21　人员分工

组长					
组员					
主操作	辅操作	工具管理	记录	安全监督	5S 监督

3. 根据小组成员分工情况，制订实施计划，明确完成时间，如表 5 – 22 所示。

表 5 – 22　实施计划

制订实施计划	明确完成时间

4. 作业中的安全注意事项。

三、实施

气门间隙的检查与调整作业全部完成后，根据实际操作内容完成表 5 – 23。

表 5 – 23　气门间隙的检查与调整项目单

序号	气门间隙的检查与调整	备注

四、检查

1. 小组成员是否人人都能作业；
2. 小组成员是否人人都能按照规范作业；
3. 小组成员是否分工合作；
4. 小组成员是否人人都有安全意识。

五、评价

1. 根据小组完成任务的情况，对自己所做的工作进行评价，并提出改进意见。

2. 教师对学生工作情况进行点评。

3. 综合评定（见表 5 – 24）。

表 5 – 24　综合评定

小组自评 （30%）	小组互评 （30%）	教师评定 （40%）	综合成绩	备注

项目六
新能源汽车高压系统维护与保养

附　　录

| 常规保养单
Magotan （适用于装备TSI发动机的车型） | 一汽-大众特许经销商（服务） | | 🚗 | VW |

用户姓名		牌照号		底盘号		购车日期		行驶里程（km）		保养日期

7 500	15 000	25 000	35 000	45 000	55 000	65 000	75 000	85 000	95 000	105 000	115 000	125 000	135 000	145 000	155 000	165 000	175 000	185 000	195 000	205 000	215 000

保养间隔			一汽-大众特许经销商迈腾轿车常规保养项目单B	合格	不合格	消除
15 000 km或1年之后每10 000 km或每1年定期保养	15 000 km或1年定期保养	7 500 km首次保养	1. 查询自诊断系统故障存储器			
			2. 润滑车门止动器和车门铰链			
			3. 目测检查发动机及机舱内的其他部件是否有泄漏或损坏（从上面）			
			4. 检查制动液液位			
			5. 检查冷却液液面高度及浓度（防冻能力），如必要，添加冷却液或调整浓度			
			6. 检查风窗清洗液液面高度，必要时添加清洗液			
			7. 检查蓄电池固定情况，电眼颜色（免维护蓄电池无电眼检查电瓶电压）			
			8. 检查喷油嘴状态，必要时采取相应维修保养措施			
			9. 更换发动机机油及机油滤清器			
			10. 目测检查变速器、主减速器及等速万向节防护套有无泄漏或损坏（从下面）			
			11. 检查转向横拉杆球头的间隙、紧固程度及防尘套状况			
			12. 检查手动变速箱内的齿轮油油位，如必要，添加齿轮油			
			13. 加注燃油添加剂G17（备件号：G 001 700 03）			
			14. 目测检查制动系统是否有泄漏和损坏			
			15. 目测检查车身底部防护层和底饰板是否破损			
			16. 检查前、后制动摩擦块厚度			
			17. 检查所有轮胎（包括备胎）的花纹深度、磨损形态，清除轮胎上的异物			
			18. 进行轮胎换位，按要求检查轮胎气压，必要时校正，检查车轮螺栓拧紧力矩			
			19. 保养周期指示器复位			
			20. 试车：检查脚、手制动器，变速箱，离合器，转向及空调等功能，查询故障存储器，终检			
			21. 检查安全气囊和安全带状态及安全气囊罩壳是否损坏			
			22. 检查车内所有开关、车内照明、手套箱照明、用电器、显示器和仪表各警报指示灯的功能			
			23. 检查车外前部、后部、行李箱照明灯等所有灯光状态和闪烁报警装置、静态弯道行车灯、自动行车灯控制功能			
			24. 检查大灯光束，如必要，调整大灯光束			
			25. 检查风窗刮水器、清洗器及大灯清洗装置功能，如必要，调整喷嘴			
			26. 检查滑动天窗功能、清洗导轨并用专用润滑脂润滑			
			27. 检查自动变速箱润滑油（ATF）油位，如必要，添加润滑油（ATF）			
			28. 检查DSG直接换挡变速箱齿轮油油位，添加DSG变速箱齿轮油			
			29. 粉尘及花粉过滤器：清洗外壳，检查滤芯状态，必要时采取相应维修保养措施			
			30. 清洗空气滤清器壳体，检查滤芯状态，必要时采取相应维修保养措施			
			31. 检查排气系统是否有泄漏或损坏及紧固程度			
其他保养项目			32. 检查多楔皮带的状态，必要时更换（首次35 000 km或2年，之后每30 000 km或每2年）			
			33. 更换火花塞（首次15 000 km，之后35 000 km、55 000 km、75 000 km……）			
			34. 检查火花塞状态，必要时采取相应维修保养措施（首次2 5000 km，之后45 000 km、65 000 km、85 000 km……）			
			35. 粉尘及花粉过滤器：清洗外壳，更换滤芯（首次25 000 km或2年，之后每30 000 km或每2年）			
			36. 更换空气滤清器滤芯，清洗壳体（首次35 000 km或2年，之后每30 000 km或每2年）			
			37. 检查手动变速箱内的齿轮油油位及油质，如必要，添加或更换齿轮油（首次55 000 km或4年，之后每60 000 km或每4年）			
			38. 检查自动变速箱润滑油（ATF）油位及油质，必要时采取相应维修保养措施（首次55 000 km或4年，之后每60 000 km或每4年）			
			39. 更换DSG直接换挡变速箱齿轮油和滤清器（首次55 000 km或4年，之后每60 000 km或每4年）			
			40. 更换燃油滤清器（首次55 000 km或4年，之后每60 000 km或每4年）			
			41. 对带气体放电灯泡的大灯（氙灯）进行基本设置（首次55 000 km或4年，之后每60 000 km或每4年）			
			42. 更换制动液（每24个月）			

注意：◆所有保养项目，请检修工根据车辆行驶里程/时间进行选择（以先达到者为准）。
　　　◆本项目单的保养内容是根据汽车正常行驶情况下制定的，对于经常在恶劣条件下使用的车辆，某些保养内容需在两次保养间隔之间提前进行。特别是经常停车/起动及经常在低温条件下使用的车辆，应经常检查机油油位，并定期更换机油。经常在高尘环境或地区使用的车辆应增加清洗壳体及更换空气滤清器滤芯的频次。
　　　◆每次保养时请在表格上方的行驶里程表上打勾。
　　　◆各次定期保养（包括7500公里首次保养）的燃油添加剂G17均由用户购买。
　　　◆检查是否加装或改装其他电气设备或机械附件，并在本次保养单备注中注明"有"或"无"，若"有"，请详细注明！

维修技师签名：	质量检查员签名：	用户签名：
备注：	合格=已检查未发现缺陷	不合格=检查中发现缺陷	消除=按维修信息消除缺陷

常规保养单
New Bora *(2017.3)*

一汽-大众特许经销商(服务)
(适用于除装备TSI发动机的车型)

一汽-大众
FAW-VOLKSWAGEN

用户姓名	牌照号	底盘号	购车日期	行驶里程(km)	保养日期

7 500	15 000	30 000	45 000	60 000	75 000	90 000	105 000	120 000	135 000	150 000	165 000	180 000	195 000	210 000	225 000	240 000	255 000	270 000	285 000	300 000	315 000	330 000

保养间隔　　　　一汽-大众特许经销商新宝来轿车常规保养项目单A

合格	不合格	消除

15 000 km或1年之后每15 000 km或每1年定期保养	15 000 km或1年定期保养	7 500 km首次保养

1. 查询自诊断系统故障存储器
2. 目测检查发动机及机舱内的其他部件是否有泄漏或损坏(从上面)
3. 检查蓄电池固定情况,电眼颜色(免维护蓄电池无电眼检查电瓶电压及其电解液液位)
4. 检查制动液液位,必要时添加
5. 检查风窗清洗液液面高度,必要时添加清洗液
6. 检查转向助力机构液压油油位,如必要,添加液压油
7. 检查冷却液液面高度及浓度(防冻能力),如必要,添加冷却液或调整浓度
8. 更换发动机油及机油滤清器
9. 检查前制动摩擦衬块与后制动摩擦衬块(制动蹄片)厚度
10. 检查所有轮胎(包括备胎)的花纹深度及磨损形态,清除轮胎上的异物
11. 目测检查车身底部防护层和底饰板是否破损
12. 目测检查制动系统是否有泄漏和损坏
13. 目测检查变速箱,主减速器及等速万向节防护套有无泄漏或损坏(从下面)
14. 检查转向横拉杆球头的间隙,紧固程度及防尘套状况
15. 检查手动变速箱内的齿轮油油位,如必要,添加齿轮油
16. 进行轮胎换位,按要求检查轮胎气压,必要时校正,检查车轮螺栓拧紧力矩
17. 润滑车门止动器
18. 保养周期指示器复位
19. 试车:检查脚、手制动器,变速箱、离合器,转向及空调等功能,查询故障存储器,终检
20. 检查安全气囊和安全带状态及安全气囊罩壳是否损坏
21. 检查车内所有开关、车内照明、用电器、显示器和仪表各警报指示灯的功能
22. 检查滑动天窗功能、清洗导轨并用专用润滑脂润滑
23. 检查车外所有灯光工作状态
24. 检查风窗刮水器、清洗器功能及刮水器的停止位置,如必要,调整喷嘴
25. 检查火花塞状态,必要时采取相应维修保养措施
26. 检查正时齿带状态及张紧度
27. 检查09G型自动变速箱润滑油(ATF)油位,如必要,添加润滑油(ATF)
28. 清洗空气滤清器壳体,检查滤芯状态,必要时采取相应维修保养措施
29. 粉尘及花粉过滤器:清洗外壳,检查滤芯状态,必要时采取相应维修保养措施
30. 检查排气系统是否有泄漏或损坏及紧固程度
31. 检查大灯光束,如必要,调整大灯光束

其他保养项目

32. 更换火花塞(首次30 000 km,之后每30 000 km)
33. 更换空气滤清器滤芯,清洗壳体(首次30 000 km或2年,之后每30 000 km或每2年)
34. 粉尘及花粉过滤器:清洗外壳,更换滤芯(首次20 000 km,之后每20 000 km,行驶里程较少的车辆每1年更换)
35. 检查多楔皮带的状态(首次30 000 km或2年,之后每30 000 km或每2年),必要时更换
36. 更换燃油滤清器(首次60 000 km或4年,之后每60 000 km每4年)
37. 检查手动变速箱内的齿轮油油位及油质,如必要,添加或更换齿轮油(首次60 000 km或4年,之后每60 000 km或每4年)
38. 检查09G型自动变速箱润滑油(ATF)油位及油质,必要时采取相应维修保养措施(首次60 000 km或4年,之后每60 000 km或每4年)
39. 更换正时齿带及齿带张紧器(首次80 000 km,之后每80 000 km)
40. 更换制动液(每24个月)

注意: ◆ 所有保养项目,请维修工根据车辆行驶里程/时间进行选择(以先达到者为准)。
◆ 加注机油时应小心防止机油溅出;机油加注完毕后务必拧紧机油加注口盖,并清洁机油加注口及气缸盖罩周围的油渍,保证其清洁无油渍。
◆ 本项目单的保养内容是根据汽车正常行驶情况下制定的,对于经常在恶劣条件下使用的车辆,某些保养内容需在两次保养间隔之间提前进行。特别是经常停车/起动及经常在低温条件下使用的车辆,应经常检查机油油位,并定期更换机油。经常在高尘环境或地区使用的车辆应增加清洗壳体及更换空气滤清器滤芯的频次。
◆ 每次保养时请在表格上方的行驶里程表上打勾。
◆ 检查是否加装或改装其他电气设备或机械附件,并在本次保养单备注中注明"有"或"无",若"有",请详细注明!

维修技师签名:	质量检查员签名:	用户签名:

合格=已检查未发现缺陷;不合格=检查中发现缺陷;消除=按维修信息消除缺陷

备注: ◆ 加装或改装其他电气设备( )。如果有,请列出:
◆ 加装或改装机械附件( )。如果有,请列出:
◆ 建议下次保养:( )公里 年 月

轮胎及制动摩擦	轮胎气压(bar)			花纹深度	制动摩擦片磨损极限	灯光	良好	修复	发动机参数	数据	单位	故障码
	标准(半/满)	调整前	调整后	标准≥1.6mm	标准≥2mm(不计背板)	大灯			息速转速		rpm	发动机( )个消除
左前轮				□是 □否	□是 □否	驻车灯			水温		℃	变速箱( )个消除
右前轮				□是 □否	□是 □否	前雾灯			喷油脉宽		ms	ABS( )个消除
左后轮				□是 □否	□是 □否	前转向灯			空气流量		g/s	空调( )个消除
右后轮				□是 □否	□是 □否	侧转向灯			进气压力		mbar	网关( )个消除
备胎				□是 □否	/	尾灯			节气门		%	气囊( )个消除
液面高度	不足	添加(L)	备注	皮带 不合格状态:裂纹、分层、		后转向灯			总失火率		次	仪表( )个消除
冷却液			冰点( )℃	齿带体断裂。必要时更换( )		制动灯			前氧电压		V	防盗( )个消除
制动液				蓄电池:电量( )色空载电压( )V		后雾灯			后氧电压		V	舒适系统( )个消除
风窗清洗液				固定螺栓:紧固/松动/生锈—消除( )								( )个消除
转向助力油				必要时使用专用仪器检测		牌照灯						( )个消除

常规保养单
Jetta NF *(2017.3)*

一汽-大众特许经销商（服务）

一汽-大众
FAW-VOLKSWAGEN

用户姓名	牌照号	底盘号	购车日期	行驶里程(km)	保养日期

5 000	10 000	20 000	30 000	40 000	50 000	60 000	70 000	80 000	90 000	100 000	110 000	120 000	130 000	140 000	150 000	160 000	170 000	180 000	190 000	200 000	210 000	220 000

保养间隔	一汽-大众特许经销商捷达NF轿车常规保养项目单	合格	不合格	消除

5 000 km首次保养 / 10 000 km或1年定期保养 / 10 000 km或1年之后每10 000 km或每1年定期保养

1. 查询自诊断系统故障存储器
2. 目测检查发动机及机舱内的其他部件是否有泄漏或损坏
3. 检查蓄电池固定情况，电眼颜色（免维护蓄电池无电眼检查电瓶电压及其电解液液位）
4. 检查制动液液位，必要时添加
5. 检查风窗清洗液液面高度，必要时添加清洗液
6. 检查冷却液液面高度及浓度（防冻能力），必要时添加冷却液或调整浓度
7. 更换发动机机油及机油滤清器（注：如拆卸油底壳放油螺栓，必须更换该螺栓）
8. 检查前、后制动摩擦衬块厚度
9. 检查所有轮胎（包括备胎）的花纹深度及磨损形态，消除轮胎上的异物
10. 目测检查车身底部防护层和底饰板是否破损
11. 目测检查制动系统是否有泄漏和损坏
12. 目测检查变速器，主减速器及等速万向节防护套有无泄漏或损坏
13. 检查转向横拉杆球头的间隙，紧固程度及球套状况
14. 检查手动变速箱内的齿轮油液位，必要时添加齿轮油
15. 进行轮胎换位，按要求检查轮胎气压，必要时校正、检查车轮螺栓拧紧力矩
16. 润滑车门门止动器
17. 装备TSI发动机的车型：加注燃油添加剂G17
18. 检查CNG系统所有燃气管路及阀门有无干涉、松动、泄漏及损坏，各部件及支架有无松动，必要时采取相应维修保养措施（仅适用于CNG车型）
19. 检查CNG储气瓶支架及钢带是否松动、损坏，必要时紧固或更换（仅适用于CNG车型）
20. 检查减压器冷却水循环管路有无干涉、松动、泄漏及损坏（仅适用于CNG车型）
21. 检查CNG储气瓶表面是否磨损、损坏，必要时应告知用户到气瓶检测站检验（仅适用于CNG车型）
22. 检查CNG储气瓶合格证及检验证书是否符合检验周期（仅适用于CNG车型）
23. 保养周期指示器复位
24. 试车：检查脚、手制动器，变速器，离合器，转向及空调等功能，查询故障存储器，终检
25. 检查安全气囊和安全带状态及安全气囊罩壳是否损坏
26. 检查车内所有开关、车内照明、用电器、显示屏和仪表各警报指示灯的功能
27. 检查滑动天窗功能、清洗导轨并用专用润滑脂润滑
28. 检查车外前部、后部、行李箱照明灯等所有灯光状态和闪烁报警装置功能
29. 检查风窗刮水器，清洗器功能，必要时调整喷嘴
30. 清洗空气滤清器壳体，检查滤芯状态，必要时采取相应维修保养措施
31. 粉尘及花粉过滤器：清洗外壳，检查滤芯状态，必要时采取相应维修保养措施
32. 检查09G型自动变速箱润滑油（ATF）油位，必要时添加润滑油（ATF）
33. 检查排气系统是否有泄漏或损坏及紧固程度
34. 检查大灯光束，如必要，调整大灯光束

其他保养项目

35. 更换火花塞（首次30 000 km，之后每30 000 km）
36. 装备TSI发动机的车型：更换火花塞（首次20 000 km，之后每20 000 km）
37. 更换空气滤清器滤芯（首次20 000 km或4年，之后每20 000 km或2年）
38. 粉尘及花粉过滤器：清洗外壳，更换滤芯（首次20 000 km，之后每20 000 km，行驶里程较少的车辆每1年更换）
39. 检查多楔皮带的状态，必要时更换（首次30 000 km或2年，之后每30 000 km或每2年）；每120 000 km或每6年必须更换多楔皮带
40. 更换燃油滤清器（首次60 000 km或4年，之后每60 000 km或每4年）
41. 检查正时齿带及齿带张紧轮，必要时更换（首次90 000 km，之后每30 000 km）；每180 000 km必须更换
42. 检查水泵齿形皮带，必要时更换（首次90 000 km，之后每30 000 km）；每180 000 km必须更换
43. 检查手动变速箱内的齿轮油液位及油质，必要时添加或更换齿轮油（首次60 000 km或4年，之后每60 000 km或每4年）
44. 检查09G型自动变速箱润滑油（ATF）油位及油质，必要时采取相应维修保养措施（首次60 000 km或4年，之后每60 000 km或每4年）
45. 更换制动液（每24个月）

注意：
◆ 所有保养项目，请检修工根据车辆行驶里程/时间进行选择(以先达到者为准)。
◆ 加注机油时应小心防止机油溅出；机油加注完毕后务必拧紧机油加注口盖，并清洁机油加注口及气缸盖罩周围的油渍，保证其清洁无油渍。
■ 本项目单的保养内容是根据汽车正常行驶情况下制定的，对于经常在恶劣条件下使用的车辆，某些保养内容需在两次保养间隔之间提前进行。特别是经常停车/起动及用于低温条件下使用的车辆，应经常检查机油油位，并定期更换机油。经常在高尘环境或地区使用的车辆应增加清洗壳体及更换空气滤清器滤芯的频次。
◆ 每次保养时请在表格上方的行驶里程表上打勾。
◆ 每次定期保养（包括5 000 km首次保养）的燃油添加剂G17均由用户购买。
◆ 检查是否加装或改装其他电气设备或机械附件，并在本次保养备注中注明"有"或"无"，若"有"，请详细注明！

维修技师签名：	质量检查员签名：	用户签名：

合格=已检查未发现缺陷；不合格=检查中发现缺陷；消除=按维修信息消除缺陷

备注：
◆ 加装或改装其他电气设备（　　）。如果有，请列出：
◆ 加装或改装机械附件（　　）。如果有，请列出：
◆ 建议下次保养：（　　）公里　　　　　　月

选择机油类型　　□ 专用机油　　　　□ 优选机油　　　　□ 高端机油

轮胎及制动摩擦	轮胎气压（bar）			花纹深度		制动摩擦片磨损极限		灯光	良好	修复	发动机参数	数据	单位	故障码
	标准(半/满)	调整前	调整后	标准>1.6 mm	标准>2 mm(不计背板)			大灯			怠速转速		rpm	发动机（　）个消除
左前轮				□是 □否	□是 □否			驻车灯			水温		℃	变速器（　）个消除
右前轮				□是 □否	□是 □否			前雾灯			喷油脉宽		ms	ABS（　）个消除
左后轮				□是 □否	□是 □否			前转向灯			空气流量		g/s	空调（　）个消除
右后轮				□是 □否	□是 □否			侧转向灯			进气压力		mbar	网关（　）个消除
备胎				/				尾灯			节气门		%	气囊（　）个消除
液面高度	不足	添加（L）	备注	皮带—不合格状态：裂纹、分层、齿轮体断裂。必要时更换（　）				后转向灯			总失火率		次	仪表（　）个消除
冷却液			冰点（℃）					制动灯			前氧电压		V	防盗（　）个消除
制动液			蓄电池—电眼（　）色　空载电压（　）V					倒车灯			后氧电压		V	舒适系统（　）个消除
风窗清洗液			固定螺栓:紧固/松动/生锈-消除（　）必要时使用专用仪器检测					后雾灯						（　）个消除
								牌照灯						（　）个消除

常规保养单
Magotan B7L (2017.3)

一汽-大众特许经销商（服务）

一汽-大众
FAW-VOLKSWAGEN

用户姓名	牌照号	底盘号	购车日期	行驶里程(km)	保养日期

5 000	10 000	20 000	30 000	40 000	50 000	60 000	70 000	80 000	90 000	100 000	110 000	120 000	130 000	140 000	150 000	160 000	170 000	180 000	190 000	200 000	210 000	220 000

保养间隔 —— 一汽-大众特许经销商迈腾B7L轿车常规保养项目单

			项目	合格	不合格	消除
10 000 km或1年之后每10 000 km或每1年定期保养	10 000 km或1年定期保养	5 000 km首次保养	1. 查询自诊断系统故障存储器			
			2. 目测检查发动机及机舱内的其他部件是否有泄漏或损坏（从上面）			
			3. 检查蓄电池固定情况，电眼颜色(免维护蓄电池无电眼的检查电瓶电压)			
			4. 检查制动液液位，必要时添加			
			5. 检查风窗清洗液液面高度，必要时添加清洗液			
			6. 检查冷却液液面高度及浓度（防冻能力），如必要，添加冷却液或调整浓度			
			7. 更换发动机机油及机油滤清器			
			8. 检查前、后制动摩擦衬块厚度			
			9. 检查所有轮胎（包括备胎）的花纹深度、磨损形态，清除轮胎上的异物			
			10. 目测检查车身底部防护层和底饰板是否破损			
			11. 目测检查制动系统是否有泄漏和损坏			
			12. 目测检查变速箱，主减速器及等速万向节防护套有无泄漏或损坏 （从下面）			
			13. 检查转向横拉杆球头的间隙，紧固程度及防尘套状况			
			14. 进行轮胎换位，按要求检查轮胎气压，必要时校正，检查车轮螺栓拧紧力矩			
			15. 润滑车门止动器			
			16. 加注燃油添加剂G17			
			17. 保养周期指示器复位			
			18. 试车：检查脚、手制动器、变速箱、离合器、转向及空调等功能，查询故障存储器，终检			
			19. 检查安全气囊和安全带状态及安全气囊罩壳是否损坏			
			20. 检查车内所有开关、车内照明、用电器、显示器和仪表各警报指示灯的功能			
			21. 检查滑动天窗功能、清洗导轨并用专用润滑脂润滑			
			22. 检查车外前部、后部、行李箱照明灯等所有灯光状态和闪烁报警装置功能、静态弯道行车灯、自动行车灯控制功能			
			23. 检查风窗刮水器、清洗器及大灯清洗装置功能，如必要，调整喷嘴			
			24. 检查火花塞状态，必要时采取相应维修保养措施			
			25. 清洗空气滤清器壳体，检查滤芯状态，必要时采取相应维修保养措施			
			26. 粉尘及花粉过滤器：清洗外壳，检查滤芯状态，必要时采取相应维修保养措施			
			27. 检查DSG-6档直接换挡变速箱齿轮油油位，如必要，添加DSG变速箱齿轮油			
			28. 检查排气系统是否有泄漏或损坏及紧固程度			
			29. 检查大灯光束，如必要，调整大灯光束			
其他保养项目			30. 更换火花塞（首次20 000 km，之后每20 000 km）			
			31. 更换空气滤清器滤芯，清洗壳体（首次20 000 km或2年，之后每20 000 km或每2年）			
			32. 粉尘及花粉过滤器：清洗外壳，更换滤芯（首次20 000 km，之后每20 000 km，行驶里程较少的车辆每年1年更换）			
			33. 检查多楔皮带的状态（首次30 000 km或2年，之后每30 000 km或2年），必要时更换			
			34. 更换燃油滤清器（首次60 000 km或4年，之后每60 000 km或每4年）			
			35. 更换DSG-6档直接换挡变速箱齿轮油和滤清器（首次60 000 km或4年，之后每60 000 km或每4年）			
			36. 对带气体放电灯泡的大灯(氙灯)的进行基本设置（首次60 000 km或4年，之后每60 000 km或每4年）			
			37. 更换制动液（每24个月）			

注意：
◆ 所有保养项目，请检修工根据车辆行驶里程/时间进行选择(以先达到者为准)。
◆ 加注机油时应小心防止机油溅出；机油加注完毕后务必拧紧机油加注口盖，并清洁机油加注口及气缸盖罩周围的油渍，保证其清洁无油渍。
◆ 本项目单的保养内容是根据汽车正常行驶情况下制定的，对于经常在恶劣条件下使用的车辆，某些保养内容需在两次保养间隔之间提前进行。特别是经常停车/起动及经常在低温条件下使用的车辆，应经常检查机油油位，并定期更换机油。经常在高尘环境或地区使用的车辆应增加清洗壳体及更换空气滤清器滤芯的频次。
◆ 每次保养时请在表格上方的行驶里程表上打勾。
◆ 每次定期保养（包括5 000 km首次保养）的燃油添加剂G17均由用户购买。
◆ 检查是否加装或改装其他电气设备或机械附件，并在本次保养备注中注明"有"或"无"，若"有"，请详细注明!

维修技师签名：　　　　　质量检查员签名：　　　　　用户签名：

合格=已检查未发现缺陷；不合格=检查中发现缺陷；消除=按维修信息消除缺陷

备注：
◆ 加装或改装其他电气设备（ ）。如果有，请列出：
◆ 加装或改装机械附件（ ）。如果有，请列出：
◆ 建议下次保养：（ ）公里 年 月

轮胎及制动摩擦	轮胎气压(bar)			花纹深度	制动摩擦片磨损极限	灯光	良好	修复	发动机参数	数据	单位	故障码
	标准(半/满)	调整前	调整后	标准>1.6mm	标准>2mm(不计背板)	大灯			怠速转速		rpm	发动机（ ）个消除
左前轮				□是 □否	□是 □否	驻车灯			水温		℃	变速器（ ）个消除
右前轮				□是 □否	□是 □否	前雾灯			喷油脉宽		ms	ABS （ ）个消除
左后轮				□是 □否	□是 □否	前转向灯			空气流量		g/s	空调（ ）个消除
右后轮				□是 □否	□是 □否	侧转向灯			进气压力		mbar	网关（ ）个消除
备胎				□是 □否	/	尾灯			节气门		%	气囊（ ）个消除
液面高度	不足	添加（L）	备注	皮带—不合格状态：裂纹、分层、齿廓体断裂。必要时更换（ ）		后转向灯			总失火率		次	仪表（ ）个消除
冷却液			冰点（ ）℃			制动灯			前氧电压		V	防盗（ ）个消除
制动液				蓄电池—电眼（ ）色　空载电压（ ）V		倒车灯			后氧电压		V	舒适系统（ ）个消除
风窗清洗液				固定螺栓:紧固/松动/生锈—消除（ ） 必要时使用专用仪器检测		后雾灯						（ ）个消除
						牌照灯						（ ）个消除

常规保养单
New Sagitar

一汽-大众特许经销商(服务)

一汽-大众 FAW-VOLKSWAGEN

用户姓名	牌照号	底盘号	购车日期	行驶里程(km)	保养日期

5 000	10 000	20 000	30 000	40 000	50 000	60 000	70 000	80 000	90 000	100 000	110 000	120 000	130 000	140 000	150 000	160 000	170 000	180 000	190 000	200 000	210 000	220 000

保养间隔 — 一汽-大众特许经销商新速腾GP轿车常规保养项目单 — 合格 不合格 消除

10 000 km或1年之后每10 000 km或每1年定期保养 / 10 000 km或1年定期保养 / 5 000 km首次保养

1. 查询自诊断系统故障存储器
2. 目测检查发动机及机舱内的其他部件是否有泄漏或损坏
3. 检查蓄电池固定情况，电眼颜色（免维护蓄电池无电眼检查电瓶电压及其电解液位）
4. 检查制动液液位，必要时添加
5. 检查风窗清洗液液面高度，必要时添加清洗液
6. 检查冷却液液面高度及浓度（防冻能力），如必要，添加冷却液或调整浓度
7. 更换发动机机油及机油滤清器（注：如拆卸油底壳放油螺栓，必须更换该螺栓）
8. 检查前、后制动摩擦衬块厚度
9. 检查所有轮胎（包括备胎）的花纹深度及磨损形态，清除轮胎上的异物
10. 目测检查车身底部防护层和装饰板是否破损
11. 目测检查制动系统是否有泄漏和损坏
12. 目测检查变速箱、主减速器及等速万向节防护套有无泄漏和损坏
13. 检查转向横拉杆球头的间隙、紧固程度及防尘套状况
14. 检查手动变速箱内的齿轮油油位，如必要，添加齿轮油
15. 进行轮胎换位，按要求检查轮胎气压，必要时校正，检查车轮螺栓拧紧力矩
16. 润滑车门止动器
17. 装备TSI发动机的车型：加注燃油添加剂G17
18. 保养周期指示器复位
19. 试车：检查脚、手制动器，变速器，离合器，转向及空调等功能，查询故障存储器，终检
20. 检查安全气囊和安全带状态及安全气囊罩壳是否损坏
21. 检查车内所有开关、车内照明、用电器、显示器和仪表各警报指示灯的功能
22. 检查滑动天窗功能、清洗导轨并用专用润滑脂润滑
23. 检查车外前部、后部、行李箱照明灯等所有灯光状态和闪烁报警装置功能
24. 检查风窗刮水器、清洗器及大灯清洗装置功能，如必要，调整喷嘴
25. 清洗空气滤清器壳体，检查滤芯状态，必要时采取相应维修保养措施
26. 粉尘及花粉过滤器：清洗外壳，检查滤芯状态，必要时采取相应维修保养措施
27. 检查09G型自动变速箱润滑油（ATF）油位，必要时添加润滑油（ATF）
28. 检查排气系统是否有泄漏或损坏及紧固程度
29. 检查大灯光束，如必要，调整大灯光束

其他保养项目

30. 更换火花塞（首次30 000 km，之后每30 000 km）
31. 装备TSI发动机的车型：更换火花塞(首次20 000 km，之后每20 000 km)
32. 更换空气滤清器滤芯，清洗壳体(首次20 000 km或2年，之后每20 000 km或每2年)
33. 粉尘及花粉过滤器：清洗外壳，更换滤芯(首次20 000 km，之后每20 000 km，行驶里程较少的车辆每年1年更换)
34. 检查多楔皮带的状态，必要时更换（首次30 000 km或2年，之后每30 000 km或每2年）；每120 000 km或每6年必须更换多楔皮带
35. 更换燃油滤清器(首次60 000 km或4年，之后每60 000 km或每4年)
36. 检查正时齿带及齿带张紧轮，必要时更换（首次90 000 km，之后每30 000 km）；每180 000 km必须更换
37. 检查水泵齿形带，必要时更换（首次90 000 km，之后每30 000 km）；每180 000 km必须更换
38. 更换手动变速箱内的齿轮油油位及油质，必要时添加或更换齿轮油（首次60 000 km或4年，之后每60 000 km或每4年）
39. 检查09G型自动变速箱润滑油（ATF）油位及油质，必要时采取相应维修保养措施（首次60 000 km或4年，之后每60 000 km或每4年）
40. 对带气体放电灯泡的大灯（氙灯）的进行基本设置（首次60 000 km或4年，之后每60 000 km或每4年）
41. 更换制动液（每24个月）

注意：
◆ 所有保养项目，请检修工根据车辆行驶里程/时间进行选择(以先达到者为准)。
◆ 加注机油时应小心防止机油溅出；机油加注完毕后务必拧紧机油加注口盖，并清洁机油加注口及气缸盖罩周围的油渍，保证其清洁无油渍。
◆ 本项目单的保养内容是根据汽车正常行驶情况下制定的，对于经常在恶劣条件下使用的车辆，某些保养内容需在两次保养间隔之间提前进行。特别是经常停车/起动及经常在低温条件下使用的车辆，应经常检查机油油位，并定期更换机油。经常在高尘环境或地区使用的车辆应增加清洗壳体及更换空气滤清器滤芯的频次。
◆ 每次保养时请在表格上方的行驶里程表上打勾。
◆ 每次定期保养（包括5 000 km首次保养）的燃油添加剂G17均由用户购买。
◆ 检查是否加装或改装其他电气设备或机械附件，并在本次保养单备注中注明"有"或"无"，若"有"，请详细注明！

维修技师签名：   质量检查员签名：   用户签名：

合格=已检查未发现缺陷；不合格=检查中发现缺陷；消除=按维修信息消除缺陷

备注：	◆ 加装或改装其他电气设备( )。如果有，请列出：
	◆ 加装或改装机械附件( )。如果有，请列出：
	◆ 建议下次保养：( )公里 年 月

轮胎及制动摩擦	轮胎气压(bar)			花纹深度	制动摩擦片磨损极限	灯光	良好	修复	发动机参数	数据	单位	故障码
	标准(半/满)	调整前	调整后	标准>1.6 mm	标准>2 mm(不计背板)	大灯			怠速转速		rpm	发动机 ( )消除
左前轮						驻车灯			水温		℃	变速器 ( )个消除
右前轮						前雾灯			喷油脉宽		ms	ABS ( )个消除
左后轮						前转向灯			空气流量		g/s	空调 ( )消除
右后轮						侧转向灯			进气压力		mbar	网关 ( )个消除
备胎						尾灯			节气门		%	气囊 ( )个消除
液面高度	不足	添加(L)	备注	皮带—不合格状态：裂纹、分层、齿屑体断裂。必要时更换( )		后转向灯			总失火率		次	仪表 ( )个消除
冷却液			冰点( )℃			制动灯			前氧电压		V	防盗 ( )个消除
制动液				蓄电池—电量( ) 色—空载电压( )V		倒车灯			后氧电压		V	舒适系统 ( )个消除
风窗清洗液				固定螺栓：紧固/松动/生锈—消除( ) 必要时使用专用仪器检测		后雾灯						
						牌照灯						

参 考 文 献

[1] 金明，彭静．汽车维修接待［M］.重庆：重庆大学出版社，2015.

[2] 曹经兵．汽车底盘构造与维修实训指导［M］.北京：机械工业出版社，2014.

[3] 关文达．汽车构造［M］.北京：机械工业出版社，2011.

[4] 李全．汽车维修检验［M］.北京：高等教育出版社，2005.

[5] 尹维贵．汽车底盘构造与维修［M］.北京：机械工业出版社，2011.

[6] 明光星，汪海红．汽车销售与售后服务实务［M］.北京：中国人民大学出版社，2012.

[7] 毛峰．汽车维修管理实务［M］.北京：北京大学出版社，2011.

[8] 韩东．汽车维护与保养［M］.北京：高等教育出版社，2017.

[9] 吕丕华．汽车维护与保养［M］.北京：团结出版社，2012.

[10] 一汽－大众速腾六万公里保养视频资料．

[11] 汽车维修编写组．汽车维修［M］.北京：人民邮电出版社，2000.

[12] 范爱民，成伟华．汽车维护与保养［M］.北京：清华大学出版社，2010.

[13] ［美］A.E.斯卡沃勒尔．汽车构造原理与维修应用［M］.北京：机械工业出版社，2004.

[14] 王凤军．汽车维护与保养实训［M］.北京：冶金工业出版社，2009.

[15] 郭长军．新能源汽车动力电池的维护与保养［J］.湖北农机化，2020.

[16] 陆建明．新能源汽车动力电池的维护与保养策略探究［J］.时代汽车，2021.

[17] 槐元辉，王德武．我国新能源汽车发展分析［J］.现代商贸工业，2011.

[18] 钟玉灵，李小朋．新能源汽车在我国的发展研究［J］.科技信息，2013.